藏在金庸武俠小說裡的「絕世教育術」！

從金庸的武俠小說，看教育的正確方法！

郭靖逆襲成英雄、
王語嫣堪稱百科全書、
石破天傻人有傻福……

譫小語 著

問題少年楊過成就一代武學奇蹟、劍魔獨孤求敗埋劍的人生哲學、滅絕師太霸道狠辣的言傳身教……

你看過金庸武俠小說中的英雄氣概與浪漫情懷，
卻不知道這也是一套活生生的教育題材？
從武俠小說中借鑑，看金庸給你什麼「教育啟示」！

目錄

目錄

目錄

牧羊女的劍法

大俠郭靖的武功除了耳熟能詳的降龍十八掌、七十二路空明拳和九陰真經等，還有一門越女劍法，是跟江南七怪中的女俠韓小瑩學的。只因前面那幾門功夫名聲太大，所以這越女劍很少被提起。這套劍法郭靖小時候在大漠學得並不好，但招式套路很熟悉，待到修練成武林著名的武術家後劍法精進自然不在話下。後來郭靖有了女兒，因感念師恩，他將這套劍法傳給她們，郭芙長大後也曾多次在實戰中展示其威力。越女劍法的創立者，說起來竟不是武學名家，甚至連武術愛好者都不算，而是一位牧羊少女。

這便是我要說的金庸先生的非著名武俠小說《越女劍》的主角，她叫阿青。

時光倒退回一千七百年前，那是一個被稱作「春秋」的時代。風雲乍起，群雄爭霸。某日，走在會稽街頭的越人范蠡正苦苦思索鑄劍和練劍的破吳之術，因為他的國家正俯首於吳國，他的王正臥薪嘗膽，而且就在前一天晚上，吳王派來的八名使者在劍術切磋時把越國武士打得落花流水。碰巧，這時那八名飛揚跋扈的吳國劍士喝醉酒在街上鬧事，不僅打了范蠡的兩名隨從，還殺了一隻山羊。這只山羊名叫「老白」，牠的主人便是阿青。阿青要求吳國劍士賠償損失以告慰老白在天之靈。但吳國劍士仍然繼續撒野，阿青手中趕

羊的竹棒輕輕一抖，便瞬間戳瞎了八名劍士每人的各一隻眼睛。范蠡驚呆了，差點向她下跪，請回阿青問她師從何人。阿青茫然，什麼劍術、師父，我不知道你在說什麼耶。范蠡說你一根竹棒就戳瞎了八個壞人的眼睛，這本事就是劍術！阿青說這竹棒是從小就在玩的呀——「我十三歲那年，白公公來騎羊玩，我不許他騎，用竹棒趕他。他也拿了根竹棒來打我，我就和他對打。起初他總是打到我，我打不到他。我們天天這樣打著玩，近來我總是能打到他，把他戳得很痛，他卻戳不到我。他也不太來找我玩了。」

　　這時阿青不過十六七歲，小小年紀就如此輕鬆地掌握了一門頂級武術，無法不令人佩服。比起那些靠著毀容、斷肢、割器官以求得武功有所突破的痴人、狂人們，真是有著天壤之別。嚴格地說阿青也並非越女劍法創立者，她是在跟大白嬉戲打鬧中掌握了這門功夫。這位大白呢，就是阿青說的白公公，其實是一隻白猿。[01] 看來有些事情真的是無法強求的，就像金庸先生故事中的許多主角都有奇遇，表面看這似乎是作者刻意設計的「無巧不成書」，實則是人物的性格決定了命運，每一次奇遇都有主角性格上的內因。張無忌也遇見過「白公公」，但若非他心地善良，執意要幫那隻白猿治病，也就不會得到《九陽真經》。范蠡求賢若渴，請求阿

[01]　猿具有超自然本領在文學敘事上有著悠久傳統，這一問題王立先生在《猿公：亦獸亦俠亦仙的超人》一文中曾有論述，詳見王立：《偉大的同情 —— 俠文學的主題史研究》。

青傳授劍術給越國劍士。阿青怎麼懂得教學之法？只好跟八十名劍士逐一過招。大概是頑皮的阿青對於教師這個職業並不感興趣，或者是因為她還想去看看如此大的世界，只教了四天她就消失了。八十名劍士根據記憶中那「飄忽不定的神劍影子」鍛鍊劍術，終於「無敵於天下」，於是後人將神劍影子裡總結出的劍法稱為越女劍法。到了唐朝末年，越女劍的傳人是位無名神尼，一個名叫聶隱娘的女劍俠在師從無名神尼後，曾一度將越女劍發揚光大。[02] 儘管如此，南宋時期韓小瑩、郭芙等人所使的越女劍，其實也只學到一千多年前阿青劍法中的些許皮毛了。

　　金庸的小說中有許多以動物為師，或諳熟仿生學理論知識的高手，最著名的就是楊過曾師從神鵰、夏雪宜和歐陽鋒也都向蛇學藝，歐陽鋒還練蛤蟆功，此外還有瑛姑的泥鰍功、梁子翁的野狐拳，張無忌、胡斐等許多人都施展過壁虎遊牆功等等。[03] 和這些武林名家不同的是，阿青不是為了學武而練成越女劍法，她是在遊戲中無意間成為劍術高手。楊過是經歷了「黯然銷魂」之後才開悟，歐陽鋒練來練去竟至走火入魔。阿青只是為了要保護好自己的羊，在日常生活中

---

[02] 也有研究者認為越女劍武功的創立者即聶隱娘。參見新垣平：《劍橋簡明金庸武俠史》。聶隱娘的事蹟較早見於唐代裴鉶《傳奇》，上海古籍出版社 1980 年出版有《裴鉶傳奇》。金庸先生曾在《三十三劍客圖》中講述聶隱娘的故事，與《越女劍》均見於《俠客行》書後

[03] 關於武術仿生學的論述可以追溯到《莊子‧刻意》篇，文中提到的彭祖被後世尊為導引術創立者，明代周履靖在《赤鳳髓》中提到的「五禽戲」即武術史上著名的導引術。以上參見於志鈞：《中國傳統武術史》。

以最簡單樸實的方式碰巧踏入武學之門。為了老白鬥大白，是身為一名牧羊女的首要任務和基本職責。拋開藝術渲染的誇張成分，阿青的竹棒打猿正如歐陽修筆下的賣油翁，油自錢孔入而錢不溼，「無他，但手熟爾」。

在金庸這部最短的武俠小說《越女劍》中，阿青劍術之精湛不只開場那次的驚鴻一瞥。三年後范蠡帶兵攻入吳國館娃宮，與西施重會。尋著范蠡而來的阿青轉眼間衝過三千越甲，破帷而入，身後兵刃掉了一地，嗆啷啷，嗆啷啷，金屬碰撞的聲音不絕於耳。阿青出劍的速度如電，如光，如神話……

好心態帶來好運氣

段譽的武功實力難以具體論排名，但到《天龍八部》後期肯定是名列前茅的，而且繼續發展潛力無窮，因為他的武功配置堪稱天下最佳組合，這一點應該沒有太大的爭議。北冥神功給他提供了無窮無盡的內力，「體內真氣之厚，內力之強，幾已可說得上震古鑠今，並世無二」；六脈神劍作為段氏最高武學，可以將內力凝聚、化出極具攻擊力的無形劍氣，一度被奉為「天下第一」；凌波微步乃逍遙派絕頂輕功，以易經六十四卦為基礎，步法精妙異常，習者可以用來躲避眾多敵人的進攻。內力深不可測，進則殺敵於無形，退則瀟灑逃遁，不得不令天下習武之人豔羨至極。

然而，段譽對這些根本就沒什麼興趣。他是金庸武俠中罕見的原本不會武功、不練武功，也不喜歡武功，後來卻躋身一流高手的人。故事一開始，十九歲的段譽就從家裡逃出來。因為父親逼著練武，他就離家出走，遊山玩水。他不想練武不是因為怕吃苦，而是不明白為什麼要練武。他「向來不愛瞧人家動刀使劍」，瞧都不愛瞧，更何況去學。段譽自幼受佛家思想和儒家文化的影響，認為練武功就可能傷人甚至殺人，這與「慈悲為懷」的佛旨以及「仁人之心」的儒訓是完全相悖的。

其實，段譽的興趣愛好十分廣泛，偏偏就是不喜歡武術

運動。除了研究佛家典籍、四書五經和詩詞歌賦，他還熱衷於易經、棋奕、園藝以及字畫等，而且他「從小對喜愛的事物痴痴迷迷」。比如，「段譽於弈理曾鑽研數年」，是大理國圍棋高手，國家級水準；七歲便以極其專業的精神觀察茶花的生長週期，在曼陀山莊，他曾用自己豐富的自然博物學知識征服王夫人，救了自己一命；他酷愛《易經》，「連吃飯時筷子伸出去夾菜，也想著這一筷的方位是『大有』還是『同人』呢？」。

然而，父親段正淳認為他身為武學世家的皇族子弟怎能不繼承家學呢？將來子承父業，不僅要繼承皇位，還要傳承武功，這是理所當然的。他給段譽制定人生計畫，要段譽按照自己設計好的道路去走。段譽說明自己不學武功的原因，段正淳說他強詞奪理。段譽的母親倒是比段正淳更通情達理，她說：「這痴兒哪一天愛上了武功，你就算逼他少練一會，他也不會聽。他此刻既不肯學，硬按著牛頭喝水，終究不成。」機靈的段譽倒知道腳底抹油——開溜。其實，即便不逃走硬著頭皮去練，也練不出什麼名堂。

那麼，有趣的是，如此討厭練武的段譽後來怎麼又成了武功高手了呢？簡單來說，都是無意而為。比如，他無意中撞見無量劍干光豪的隱情而被追殺，失足墮入深谷，在確定無路可走之後，還想著在石壁上刻下「大理段譽畢命於斯」，覺得「倒也好玩」，隨後受了「神仙姐姐」的引領始

練北冥神功，但他當時想的只是為了兌現承諾。再如，段譽學「凌波微步」，主要是因為這門功夫可以在危難時刻幫他逃命，而不會傷人。另外他想儘快脫身逃走去救木婉清，所以「當下專心致志地練習步法，每日自朝至晚，除了吃飯睡覺、大便小便之外，竟然足不停步」；同時「凌波微步」與他鑽研數年的易經關係極為密切，「他熟悉《易經》，學起來自不為難」，甚至對那些生僻詞語一見如故，精神大振。由此也可見，多讀書，多學習，豐富的知識說不定什麼時候就會為自己帶來關鍵性的幫助。

這一切，源自他豁達樂觀的性格與隨遇而安的心態。段譽初涉江湖，身無武功，因而數次遇險，但每次到了生死關頭他都坦然面對，非常看得開。曼陀山莊王夫人令他在花圃服役，身為皇族公子的他竟然還在心裡慶祝一番。書中說，「在大理國中，他位分僅次於伯父保定帝和父親鎮南王，將來父親繼承皇位，他便是儲君皇太子，豈知給人擒來到江南，要砍去手足、挖了雙眼，那還不算，這會卻被人逼著做起花匠來」。但他想「在曼陀山莊多耽些時候，總有機緣能見到那位身穿藕色衫子的姑娘一面，這叫作『段譽種花，焉知非福』！」於是便高興起來了。

這樣的積極心態又是從何而來呢？自幼養尊處優，十九歲之前沒遇到過任何挫折，因此不太容易從實踐中來；那麼就該從理論中來吧，沒錯，這種禍福相倚的觀念不正是《易

經》以及老莊的辯證法思想嗎？這些經典都是喜文厭武的段譽在少年時期非常感興趣的東西。段譽在無量深谷的內心獨白中曾對此有精闢論述，他說：「『有志者事竟成』，這話雖然不錯，可是孔夫子言道：『知之者不如好知者，好知者不如樂知者。』這話更加合我脾胃……」段譽不僅「樂知」，而且「樂活」，總是以豁達樂觀的心態面對周遭環境，因此反而能夠積極處置、逢凶化吉，甚至還有意外收穫。

你是遠山我是峰

　　蕭峰，是金庸所有武俠小說中最具英雄氣質的人物。出場時，雖然是在鬧市酒肆，他並未表露身分，但在見多識廣的大理王子段譽看來，絕對是星光四溢、風華絕代——「西首座上一條大漢回過頭來，兩道冷電似的目光霍地在他臉上轉了兩轉。段譽見這人身材魁偉，三十來歲年紀，身穿灰色舊布袍，已有破爛，濃眉大眼，高鼻闊口，一張四方的國字臉，頗有風霜之色，顧盼之際，極有威勢。」段譽不禁暗暗喝采：「好一條大漢！這定是燕趙北國的悲歌慷慨之士。不論江南或是大理，都不會有這等人物……」而後兩人「相逢何必曾相識」，比酒力比輕功，「劇飲千杯男兒事」，酣暢淋漓，瀟灑痛快。

　　蕭峰的確是「北國的悲歌慷慨之士」。他有「雖千萬人吾往矣」的英雄豪邁，也有為一素不相識的女子血染聚賢莊的俠骨柔情。他的故事還要從三十年前說起。

　　當時慕容博為挑起契丹與大宋之間的爭端與戰火以伺機光復燕國，假傳消息說契丹武士要大舉進攻少林寺奪取武功典籍，於是「帶頭大哥」少林玄慈便召集中原武林豪傑在雁門關伏擊。實際上，當天經過雁門關的只是出門探親的蕭遠山一家。在家人慘遭屠戮之後，蕭遠山拋出懷中嬰兒跳崖自絕。所幸蕭遠山並沒有死，但轉而心生報仇之念——蕭遠山

想，既然說我們契丹人覬覦少林武學典籍，那我就真的學來瞧瞧。於是，隱匿少林寺旁三十年，遍學少林武功。另一方面，少林玄慈與丐幫幫主殺完了人，隱隱發覺不太對，說是契丹武士怎竟似不會武功一般，為何不抵抗就全都倒下了？他們發現了小嬰兒，不忍再殺，帶了回去，託付給少室山老鄉喬三槐夫婦撫養，取名喬峰，就是後來的蕭峰。待孩子年紀稍大便由少林玄苦大師親傳武功，並薦入丐幫。喬峰後來在三年之間為丐幫立下七件大功，眾望所歸登上幫主之位。

蕭遠山為報血海深仇，隱姓埋名於少林寺中，三十年苦練本領，等待最後雪恥。這樣的隱忍勵志不免令我們折服：真是條血性漢子！然而這種血性在蕭遠山身上展現的是對個人恩怨的執著，遺傳到蕭峰那裡，卻已昇華成為了民族大義而置生死於度外的英雄氣概。雁門關前，時間靜止，蕭峰巋然屹立於中原群雄與十萬遼軍之間，迫令遼主耶律洪基訂下永久和平的盟約，然後一死謝天下。

父子倆都不是平凡人。如果說蕭遠山的不平凡來自客觀的命運安排，那麼蕭峰的不平凡則更多是內在性格發揮的決定性作用。蕭峰注定不能甘於寂寞，他體內的能量太過巨大，他必須釋放、爆發，他必須成就一番大事業。更加意味深長的是，蕭遠山大仇得報之時不知生命的意義是什麼，遁入空門；蕭峰則用結束生命的方式給出了其父苦苦思索的那個問題的答案。一個心灰意冷，超脫塵世；一個勇猛激進，

壯烈殉道。父子二人同根同源，最終卻走上了兩條迥異的人生之路。蕭峰之死不禁令人想起蘇格拉底飲鴆時說過的那句話：「分手的時候到了，我去死，你們去活，誰的去路好，唯有神知道。」如是的坦蕩，如是的情懷，蕭峰做到了，他無愧於英雄、大俠的稱號。也正因此，他的父親只能是依稀「遠山」，而他則已巍然成「峰」。凡事有果必有因，現在來探究為何父是遠山兒是峰。

　　蕭峰的身體裡流的是契丹人豪邁奔放的血液，天生就有北方遊牧民族的血性基因，這一點兩人當然是一樣的。而蕭峰和他父親最大的不同是出生後的成長環境 —— 從白山黑水轉移到了華夏中原。他一方面接受了少林的系統教育，另一方面受到了丐幫的極大影響。少林和丐幫一個出世一個入世，在當時代表著江湖上最先進的生產力，代表著那個世界裡最先進的文化。且少林方丈和丐幫幫主當年早已覺察事情好像有些弔詭，蕭遠山一家應該是無辜的，所以後來都沒有臉面再提了，可想而知這兩位向來提倡俠義的江湖領袖人物對蕭峰會有怎樣的愧疚。於是，他們對這個苦命的孩子悉心培養訓練，全力使其成才以彌補他們犯下的罪過。這樣，蕭峰就有了最優質的成長環境。蕭峰也因此具有三年之間為丐幫立下七件大功乃至成為「峰」的能力和機會。蒙特梭利曾說：「教育的基本任務是使每個兒童的潛能在一個有準備的環境中得到自我發展的自由。」一邊有淳樸厚道的喬氏夫婦視

如己出的照顧，一邊有少林方丈和丐幫幫主的傾情關懷，傳授武藝，培育人格，強強聯手實踐了蒙氏環境教育論。環境與教育有機地結合在一起，最大限度為蕭峰的發展提供了機會。在這樣的優質環境中成長，蕭峰想不成為「峰」都難。

藏書世家走出的女博士

如果把對武功的研習內容分為武術實務和理論武學兩個方面，那麼在金庸武俠世界裡，武學理論最高深的人不是那些天下第一的高手，而是對「實務」絲毫不會的「神仙姐姐」王語嫣。她是金庸筆下的奇女子，貌若天仙自不必說，更奇的是她通曉各種武學知識，熟知天下武功門派，能夠輕鬆看出各路武林人士每一招的名稱手法、師承來歷和武學家數。她不僅在大腦裡存了一個武學資料庫，而且能夠融會貫通，三言兩語就令當局者領悟要旨，克敵制勝。其武學理論的造詣在《天龍八部》乃至整個金庸武俠世界裡皆罕有匹敵。[04]

可以說王語嫣是當時江湖上頂級的武學理論家、評論家，武術史與比較武學領域的教授、博士生導師。身為導師，她指導過兩個學生，一個是慕容復，一個是段譽。她在實戰中指點慕容復和段譽，使兩人屢次反敗為勝，化險為夷。

王語嫣出場不久，便攜阿朱、阿碧隨段譽逃出曼陀山莊，趕到燕子塢聽香水榭觀摩江湖高手武術「大匯演」。王語嫣就像一本天下武功的百科全書，指認秦家寨、青城派、

---

[04] 論武功博學，清康熙年間少林寺般若堂首座澄觀禪師的武學理論造詣或可與王語嫣一較高下。澄觀事蹟見於金庸先生的《鹿鼎記》一書，本書後文〈老師傅的慢功夫〉亦略有提及。

蓬萊派等各門各派看家功夫，甚至能說出失傳絕學，目之所
見，口中皆能滔滔不絕，令段譽大開眼界。後來王語嫣中了
「悲酥清風」不能行動，段譽在她的指點下，施展六脈神劍
大破西夏武士，甚至還幾乎和假扮李延宗的慕容復打了個平
手。對於段譽與慕容復過招實況，王語嫣當場點評道：「適
才你使了青海玉樹派那一招『大漠飛沙』之後，段公子快步
而過，你若使太乙派的『羽衣刀』第十七招，再使靈飛派的
『清風徐來』，早就將段公子打倒在地了，何必華而不實地
去用山西郝家刀法？又何必行奸使詐、騙得他因關心我而分
神，這才取勝？我瞧你於道家名門的刀法，全然不知。」慕
容復自尊心極強，聽得王語嫣說中要害不願承認，只得顧左
右而言他，王老師的高明可見一斑。後來在縹緲峰上，王語
嫣還一人同時指點段譽和慕容復大戰群仙。

　　王語嫣如此淵博的武學知識從哪裡來呢？原來她出生於
一個藏書世家，她家裡有個家庭圖書館，叫琅嬛玉洞。其中
所藏大量天下武學典籍來自無量山逍遙派官方圖書館琅嬛福
地，產權人系逍遙派掌門無崖子。無崖子武學修為極深，更
是琴棋書畫無所不精，被稱為「學究天人」，其藏書不僅數
量多，而且品質高。當年王語嫣的姥姥李秋水與姥爺無崖子
感情破裂，李秋水便帶著女兒和大量藏書，與新男友也就是
無崖子的二弟子丁春秋移居蘇州，並在曼陀山莊家中修造琅
嬛玉洞存放那些藏書。王語嫣的表哥慕容復自幼習武，她與

表哥青梅竹馬，為了幫助表哥提高武功水準，便暗暗讀書，十幾年下來竟記住了家藏書籍中所有武學知識。

王語嫣通曉百家，所以能讓她的學生在陣前知己知彼，這是取勝的前提；她的治學廣博和跨領域知識背景更是取得更高造詣的基礎。正如清華大學終身校長梅貽琦先生所說，「竊以為大學期內，通專雖應兼顧，而重心所寄，應在通而不在專」，「以無通才為基礎之專家臨民，其結果不為新民，而為擾民。」王語嫣若晚生八百年，一定會被梅校長請到清華任職。當時清華、北大等高校還真有一大批二十多歲的年輕教授，如二十四歲的梁漱溟、二十七歲的朱自清、二十八歲的胡適等，其中許多人都是大藏書家。誠然，王語嫣並不會武功，從理論與實踐相結合的角度看，單是熟讀百家典籍只是學武的一半。這一點，金庸先生做了一個巧妙的設計，讓王語嫣的痴戀對象慕容復走上了一條截然相反的武學之路。王語嫣是純粹的理論家，她所做的是記誦思考與理論推導；而慕容復則是傑出的實踐家，他的「以彼之道還施彼身」能使出各家招數，他甚至表現出對王語嫣的不顧與不屑。然而，缺少理性反思的慕容復終究還是瘋了。分別代表理論與實踐兩條道路的兩個人，其愛恨糾葛也很值得玩味。金庸在新修版中更改了先前版本的故事結局，王語嫣並沒有跟隨段譽南下大理，而是回到慕容復身邊，看來「理論」與「實踐」終究還是要結合到一起的。

贏在起跑線上的悲劇

人道是,「南慕容,北喬峰」。在《天龍八部》裡,慕容復還沒出場,其威風霸氣的名號就已響徹雲霄。儘管這「南慕容」的名聲與先輩的影響密不可分,但慕容復自身的文才武功在同輩青年中也的確算得上出類拔萃,其「以彼之道還施彼身」、「斗轉星移」的功夫都是天下無雙的絕技。在故事前半場,慕容復大戰丁春秋、萬仙大會逞英豪、縹緲峰逼退烏老大震懾群雄、少室山上「群雄既震於蕭峰掌力之強,又見慕容復應變無窮,鉤法精奇,忍不住也大聲喝彩,都覺今日得見當世奇才各出全力相拚,實是大開眼界,不虛了此番少室山一行」。那時的慕容復可謂是意氣風發、風流倜儻。

之所以有這些成績,是因為慕容復有諸多優勢。他出身於武學世家,先輩慕容龍城創出「斗轉星移」的高妙武功,當世無敵,名揚天下。父親慕容博後來詐死時慕容復已經長大了,小時候也少不了受其點撥指導。他家在江南姑蘇太湖之濱參合莊燕子塢,丫鬟侍婢住的都是「琴韻小築」和「聽香水榭」這樣的別墅群。此外,慕容復家的燕子塢實乃人類最宜居之地,它位於蘇州郊區優質稀有地區,環境優美,交通便利,而且還具有類似碉堡的防禦功能。[05] 由此可知慕容

---

[05] 當代房地產業研究者李開周先生認為,燕子塢比黃藥師的桃花島還要好。參見李開周:《燕子塢是個碉堡》,載《廣州日報》2013 年 7 月 29 日。

復生活優越，少時讀書學習環境非常好，不必像楊過、張無忌等人那樣為了生存奔波流浪。慕容復家學深厚，跟表妹家一樣，他們家也有一個家庭圖書館，叫「還施水閣」，藏有天下各種武學典籍。慕容復因此得以博採眾長，各派武功皆有所學。與他青梅竹馬的表妹王語嫣還是年輕的武學學者，幾乎通曉天下武功，王家的琅嬛玉洞與還施水閣相比更是有過之而無不及。

然而，令人失望的是，擁有如此好的家庭出身和教育資源，慕容復在武學上不僅沒能登峰造極，而且在少室山一戰之後再無出彩之處，似乎漸漸走了下坡路。如遠赴西夏對陣精神分裂症患者鳩摩智，他在鳩摩智讓他十招的情況下完敗；在王夫人的莊上與四大家臣圍攻段延慶也沒能取勝。更令人唏噓的是，武功不長進也就罷了，這位在故事開頭就先聲奪人的「南慕容」，最後竟瘋了，連最基本的幸福人生都沒能得到。

這是為什麼呢？

最明白不過的原因就是他身上那副壓得他喘不過氣來的擔子 —— 興復大燕。他沒有童年，在家族使命的催逼下太早進入了成年人的角色；他沒有青春，對王語嫣真摯的感情他置若罔聞。正如段譽所見，「有志者事竟成」雖然沒錯，可是與「知之者不如好知者，好知者不如樂知者」比較，相去甚遠。一味苦學，不僅進境有限，而且誠無快樂可言。在西夏

王宮中，宮女問慕容復：「請問公子：公子生平在什麼地方最為快樂逍遙？」接下來作者寫到：

　　這問題慕容復曾聽她問過四五十人，但問到自己之時，突然間張口結舌，答不上來。他一生營營役役，不斷為興復燕國而奔走，可說從未有過什麼快樂之時。別人瞧他年少英俊，武功高強，名滿天下，江湖上眾所敬畏，自必志得意滿，但他內心，實在是從來沒真正快樂過。他呆了一呆，說道：「要我覺得真正快樂，那是將來，不是過去。」

　　「要我覺得真正快樂，那是將來，不是過去。」這句話中有堅毅，有無奈，有鬱憤，有可憐。慕容復自幼受到的是極為功利的教育，因此他根本沒有形成自己健康的人生觀和價值觀，他人生的全部意義都在復興大燕，他所做的一切皆機械行為，他體驗不到學武的樂趣，也不懂什麼叫人生的快樂。更可怕的是，他的人性漸漸扭曲，做事不擇手段。為了順利應徵西夏駙馬，不惜把深愛自己的王語嫣推下井；為了取得惡人段延慶的信任，不惜殺死對自己忠心耿耿的包不同；為了逼迫段正淳讓位，不惜把劍刺向自己的舅母，導致王夫人斃命。他走向生命的深淵，越陷越深。在強大的壓力之下，慕容復的確贏在了起跑線上，然而那時風光只是曇花一現，他已經沒有力氣堅持到終點了。曾經，被困珍瓏棋局的那一刻他就幾近崩潰，拔劍自刎；最後，當他的春秋大夢真的成了一場夢，他就徹底瘋掉了。這樣的心路歷程，大概和

那些承受不住壓力，心理失衡乃至輕生的青少年並無二異。

　　仔細想來，最令人吃驚的是，一步步把他推向深淵的不是別人，正是他的父親慕容博。慕容博不是一個好爸爸，他自己的一生就是罪惡與悲劇交雜的一生。拋開他的大燕國能否復興的歷史問題不論，單說他假傳音信、挑撥離間，不僅害了蕭遠山一家，釀成中原武林浩劫，他自己更則隱姓埋名、詐死偷生，與親人同世相隔，造成兩代人的悲劇。他不僅沒有給兒子樹立好榜樣，而且將這種扭曲的人生觀傳遞給了兒子，毀了慕容復的一生。

一位老師至死未了的心願

本領修為達到一定水準的高人都會遇到如何收得賢徒的問題，如《史記》記載黃石公為了找到兵法傳人，三試張良；唐傳奇《聶隱娘》中神尼為了尋求良才，不惜扮作乞丐；《西遊記》中觀音菩薩為了替佛祖找到堪負取經重任的弟子，化為雲遊老僧。《天龍八部》裡面的東南亞華人武術家岳老三也遇到了這個問題，他為了找到合適的徒弟也是吃了不少苦頭。[06] 岳老三武功高強，成名後是江湖中「四大惡人」之一，人稱「凶神惡煞」、「南海鱷神」，小名「岳老三」。

儘管岳老三具備辨才識賢這項技能，然而他的尋徒之旅並不順利。在無量山初遇段譽，他仔細端詳之後發出「嘖嘖」的讚嘆聲，大喊「妙極、妙極」、「你很像我」、「你真像我」、「跟我去吧」！然後手舞足蹈，「似乎拾到了天下最珍貴的寶貝一般」，儘管當時段譽還不會什麼武功，但岳老三認定段譽為武學奇才，馬上拉著段譽拜自己為師。段譽當然不肯答應，騙他說自己有師父了，如岳老三勝了自己師父則即拜師。沒想到，岳老三趕到大理皇宮比武時段譽又施計策，岳老三不僅沒當成師父反而八個響頭咚咚磕下，成了段譽的

---

[06] 稱南海鱷神為「華人」是一種謹慎的說法。南海鱷神初登場時，在段譽看來他相貌古怪，身著奇裝異服，與中土人士大不相同，而彼時南海一帶對外貿易往來頻繁（參見黃純艷博士《論宋代南海貿易體系的形成》），因此不排除南海鱷神外籍之可能，或者是華夷混血兒。

徒弟，還搭上了一半的內力。

收徒失敗，反被徒弟收了，但這件事從另一個面向表現了岳老三的可貴品德──信守承諾，重視名譽。他凡事說到做到，他與人約定好的事情絕不食言。儘管他的誠實守信也常常被人利用，但他不後悔，他覺得人在江湖折命不折面子。這種性格讓他在有些時候也會鑽牛角尖，比如關於他和葉二娘到底誰是老二誰是老三的問題，讓他糾結了一輩子。然而當葉二娘與玄慈的私情被公之於眾，兩人雙雙斃命，岳大鱷神卻跪身說道：「二姐，你人也死了，岳老三不跟你爭這排名啦，你算老二便了。」他既傷痛葉二娘之死，又敬佩她的義烈，標榜自己是天下大惡的「凶神惡煞」岳老三終究還是有血有肉、有人性、有義氣的。

岳老三走的是重金屬搖滾狂野路線，這和段譽的斯文儒雅、風流瀟灑形成強烈反差。師徒倆的形象、性情完全相反，站在一起不免生出幾分喜劇效果來。當然，兩人只有師徒之名，沒有師徒之實。段譽既不可能跟岳老三學習，更沒什麼可教給這個徒弟的。儘管頂著「惡」名，不修邊幅、愛說髒話，甚至看起來還有一點點愚蠢，也沒真的當上段譽的老師，但岳老三身上卻有著許多優秀教師的品德。除了一雙伯樂慧眼、發掘人才的高級能力，以及信守承諾、重視名譽的優點，岳老三還極有智慧，不得不說他呈現給我們的很傻很天真的表象實則是一種大智若愚。

他說段譽是武學奇才，事實證明他說對了，好文厭武的段譽糊里糊塗學會了凌波微步、北冥神功和六脈神劍，躋身一流高手行列。他第一次見到段正淳時，反覆瞧了瞧父子二人說：「老的武功倒很強，小的卻是一點不會，我就不信你們是爺兒倆。段正淳，咱們馬馬虎虎，就算他是你的兒子好了。」結果，段譽真不是段正淳的兒子。類似的判斷岳老三做過好幾次，只是當時大家都覺得他瘋瘋癲癲也沒當回事。他見了鐘萬仇後說：「……我師娘這麼美麗，你卻醜得像個妖怪，怎麼會是她老子？我師娘定然是旁人生的，不是你生的。你是假老子，不是真老子！」他說的鐘靈，當然不是鐘萬仇親生的，而是段正淳的孩子。

　　岳大鱷神身為老師對學生非常負責任。他實行「一徒單傳」制，也就是他一個老師只帶一個學生，比起教授帶博士生還要嚴苛。他先前的弟子「小煞神」孫三霸為木婉清所殺，他才考慮再收段譽為徒。不僅如此，岳老三最偉大的地方，是能為學生付出一切。無論段譽是他的徒弟還是他的師父，他最後都為段譽而死了 —— 在曼陀山莊，四大惡人之首段延慶要殺段譽，岳老三挺身而出，段延慶掄起拐杖將岳老三打死。「南海鱷神只覺後背和前胸一陣劇痛，一根鋼杖已從胸口突了出來。他一時愕然難明，回過頭後瞧著段延慶，眼光中滿是疑問之色，不懂何以段老大竟會向自己忽施殺手。」岳老三的愕然與疑問表露了他的單純，他沒想到他的老大會

真的下死手，他骨子裡也並沒有那麼惡。

在整個故事裡岳老三殺的人總共有三個：萬劫谷僕人甲、大理士兵乙、大理護衛丙，比起蕭峰、郭靖那些大俠們殺的人倒不知少了多少。岳老三對快意恩仇沒多大興趣，他的人生夢想其實只是收個好徒弟、當個好老師，但終究沒能如願。然而，他為自己所發現的武學奇才段譽而死，也算欣慰了吧！

和尚下山

虛竹是個和尚，而且是自幼出家。他二十來年虔誠禮佛，不殺生，連小蟲都不侵犯，他不好武功，認為「出家人修行為本，學武為末」。然而，後來這一切發生了驚天大逆轉，虛竹先後成為逍遙派掌門、靈鷲宮宮主，整編吞併星宿派，身負逍遙派三大高手二百餘年的功力，相容天山派武功、丐幫降龍廿八掌 [07] 及打狗棒法，一度打敗吐蕃冥王鳩摩智拯救少林寺，率領靈鷲宮部眾與段譽一行遠赴大遼幫助蕭峰平息宋遼戰爭，更重要的是其間他早已成為西夏駙馬。

單看這前後境況對比，足以令人瞠目結舌。所有的蛻變緣起於那次臨時領命下山送英雄帖，下山之後虛竹就再無回頭之路。在山下到底發生了什麼，使得曾經那麼信仰堅定的佛教徒虛竹法師連破佛門諸戒，成為武林高手、俗世名流虛竹子？讓我們來分步解析。

第一步，困惑。虛竹下山之初遇到風波惡、包不同，因為喝水前念飲水咒，被二人質疑：「你念了飲水咒之後，將八萬四千條小蟲喝入肚中，那些小蟲便不死了？」接下來，對於水中到底有多少條小蟲、自己有無天眼神通等一系列追問令虛竹陷入深深的迷茫。他百思不得其解，最後一口水也

---

[07] 新修版《天龍八部》稱降龍十八掌起初為降龍廿八掌，正是經由蕭峰和虛竹的精簡而成為降龍十八掌。

沒敢喝。這個事件，看似玩笑，實則是虛竹對此前堅定信仰的動搖。如果水裡有小蟲，喝水就是殺生；如果水裡無小蟲，為何又要念飲水咒？不喝水，人就要渴死，等於自殺，還是有罪的。至少，虛竹感到了困惑，自己信奉的理論自己卻無法解釋了。

第二步，破戒。先是阿紫對其進行試驗性惡作劇，騙他喝了雞湯、吃了肥肉，破了葷戒。當然，從嚴格意義上來講最初佛教的葷戒並非不許吃肉。所謂五葷在佛教《楞嚴經》、《梵網經》等典籍中指的是蔥、蒜、韭菜等有刺激性氣味的「菜」類食物。佛教中的食肉戒出現於南朝梁以後，以葷戒表示食肉戒當然也在此之後。然而，結合小說情節，生活在北宋的虛竹喝雞湯、吃肥肉當然是破了葷戒。戒律是佛教徒必須遵守的行為規範，他在行為上被動地走到了規範之外。

第三步，換標。他出於慈悲之心想要阻止慕容復自殺，於是亂闖珍瓏棋局，卻無意中成為解局第一人，糊里糊塗做了逍遙派第三代掌門，得了無崖子七十年功力，同時他也失去了身上的少林內功。虛竹的少林內功儘管非常粗淺，卻是他和少林具有「血緣關係」的標識。在武林之中，你一出手就可昭示自家門派，無論內功還是招式都是一種身分的證明和彰顯。因此以七十年逍遙派功力取代少林內功，等於是換了身分證。

第四步，就俗。如果說此前的破戒換標都是被動的，那麼當虛竹遇見天山童姥之後，他背離佛教的行為便開始由被動轉向了主動。當然，這有一個漸變的過程。還是出於慈悲之心，虛竹要救「小女孩」一命，沒想到這個「小女孩」竟然是當世武功最高的上上輩女性領袖、令三十六洞主和七十二島主聞風喪膽的天山縹緲峰靈鷲宮主人。天上童姥循循善誘，展開了一場徹底轉化虛竹的教學實驗：因為兩人要逃跑，教了虛竹輕功；因為要求生，教虛竹打殺敵人；因為要活命，教虛竹主動破葷戒；因為要對付李秋水，教虛竹天山武功。

值得一提的是，天山童姥的教學方法與一百多年後的武學奇人周伯通老先生頗為相似，就是連哄帶騙，娛樂教學。[08] 每當虛竹厭學的時候，天山童姥就使出計策。比如她教虛竹「天山六陽掌」的方法很像周伯通教郭靖練《九陰真經》的惡作劇。她先是在虛竹身上種落「生死符」，再假稱授他破解之道，然後把「天山六陽掌」的功夫傾囊相授。直到策劃夢姑事件，使虛竹從禁不住伊甸園的誘惑到領悟愛情的真諦，徹底從佛教聖壇步入了凡俗人間。虛竹學武的每一步，都充滿著童老師巧妙的精心設計，佛家三戒逐一破除，使得他不得不乖乖就範，從一名信仰堅定的佛門弟子最終蛻變成一代武林高手。

[08] 周伯通教學案例見本書後文〈玩出來的天下第一〉。

　　小說最後，虛竹與蕭峰、段譽三兄弟在雁門關大顯神威，又和段譽合力生擒遼帝耶律洪基，達到了他武功和人生的一個高峰。蕭峰殞命前夕，更將降龍掌法、打狗棒法傳給虛竹，囑他代為尋找丐幫掌舵傳人。此時，「虛竹一聽大喜，心想只要不是叫自己去做丐幫幫主，學兩門武功，有何難哉？當日受童姥逼迫，不知學了多少門武功，再學幾門，毫不足道，便即欣然答允」，簡直是學霸一枚。再回首，大概僅僅一年以前，虛竹還是個因水中有小蟲而不知該不該喝、因武功會殺人而不肯學的天真小和尚。正如「三天的恩愛纏綿」令虛竹產生極樂體驗進而放棄二十三年的信仰，他對武功從不肯學到「一聽大喜」，虛竹已經達到了「樂知」的境界。

　　學武經歷，其實是虛竹發現自我的過程。他一出生就在少林，二十幾年間，除了晨鐘暮鼓，除了佛法律經，他一無所知。如果那時他有自己的職業規畫或者人生理想，也一定是成為師父、主持、方丈那樣的人，成為一代高僧大德，除此之外他不知道還能做什麼。直到那天下了山，他看到了一個完全不同的世界，才慢慢建立起自己的世界觀、人生觀和價值觀。

　　和尚下山，遇到了「好」老師，不好武也成了武學霸。

終結者的「心」病

　　康敏是金庸小說中一位非常可怕的女子。儘管不會武功，但她的可怕和梅超風、李莫愁、何紅藥、天山童姥、葉二娘等這些武功高強的「惡」女子相比毫不遜色。段正淳身為她的情人，因不能給她王妃的名號，險些被她凌遲，說是一口一口咬死；真正娶她為妻的丈夫馬大元，因為不肯聽她的話去做違背良心道義的事情，被她設計殺害；徐長老、白世鏡因為被她拖下水，先後斃命；對她待之以禮的蕭峰，因為沒有注意到她的美貌而差一點被她毀滅。喬三槐夫婦、玄苦大師、泰山單正一家、丐幫徐長老、趙錢孫和譚公譚婆、智光和尚和聚賢莊無數英雄好漢的死，以及阿朱的殞命，無不與康敏有著密切關聯，她是中原武林腥風血雨的導火索，天下第一大英雄蕭峰的悲劇更是因她事發。

　　如果說段正淳在康敏十七歲的時候欺騙了這個少女的感情是罪有應得，如果說徐長老、白世鏡自甘墮落不值得同情，那麼康敏對於蕭峰實施的一系列報復當真是荒唐至極。她對蕭峰的仇恨僅僅源於蕭峰沒有在人群中多看她一眼，在一次丐幫集體帶家屬春遊的活動裡。她認為自己美貌無雙，這是極度的自戀。她報復段正淳以及臨死前向蕭峰洩憤的場景令人震驚，完全到了一種瘋癲的狀態。她非常聰明，卻心理陰暗，她略動心眼就有人喪命、有人悲劇。是什麼讓一個

容貌美麗的女子變得如此狠毒、殘忍？書中對康敏的成長經歷沒有交代太多，我們能大概了解到的生平就是：幼時家貧，七歲買新衣未果；十七歲與有婦之夫段正淳相戀，逼婚未果；後來嫁給丐幫副幫主馬大元，無意中窺見幫主喬峰身世，策反馬大元揭祕未果；與情夫白世鏡合謀害死馬大元，勾結徐長老、全冠清等人，成功將蕭峰逐出丐幫；後真相敗露，被阿紫折磨致死。

　　心理學家和教育學家指出：「某些痛苦的經歷，特別是幼年的痛苦經歷，必定會留下不能完全治癒的心理創傷。」那麼我們就從她小時候的事情具體談起。康敏幼時家境貧寒，一年到頭也穿不起一件新衣服，她十分羨慕隔壁的江家小姐姐過年就有花衣花鞋穿。七歲那年，家裡養了三頭羊十四隻雞，父親答應臘月裡賣掉羊和雞之後給她買塊花布做新衣，小康敏就每天餵雞放羊，只待臘月。可是屋漏偏逢連夜雨，進了臘月，就在父親要去趕集前的那天夜裡餓狼來襲，羊被拖走，雞也沒剩幾隻，父親追狼還受了傷。小康敏悲憤至極，眼見過年那天隔壁江姐姐穿了新做的花衣花褲，她一氣之下在大年夜趁著江姐姐熟睡之時把她的新衣新褲剪了個稀巴爛。此時小康敏心中說不出的歡喜，比自己穿了新衣服還痛快。康敏對段正淳自述這段經歷是想告訴他，他就是她日思夜想的花衣服，「我要不了你，只好毀了你，這是我天生的脾氣，那也沒法子」。

表面看康敏剪碎江姐姐的花衣服是因為自家貧窮買不起，實則是一種獨占與嫉妒心理作祟的結果。康敏所謂「天生的脾氣」也並不算說錯，因為這的確是人在幼兒時期的一種天性。兒童在兩歲左右開始發展自我意識，並出現攻擊行為，直到五歲左右。因此，這個階段的孩子有時會做一些「損人利己」的事情，比如搶玩具，或把好的東西藏起來獨享，這可稱之為幼兒的獨占心理。與獨占心理相伴而生的還有嫉妒，此時的孩子已經學會比較，在比較中可能滋生嫉妒心理。比如大人表揚了一起玩耍的小朋友，沒有被表揚的就會悶悶不樂，久而久之這種不好的情緒會轉嫁到被表揚的小朋友身上，演變成嫉恨，於是會產生攻擊、告狀等負面行為。如果六七歲之後這種獨占與嫉妒心理依然不能消退，則可能產生嚴重後果，輕則形成自私自利的人格，重則造成心理上的人格障礙。不消退的原因主要是成長環境不利，後天教育跟不上。

　　這樣的心理基礎加上美麗的外表，康敏進一步生出了自戀和貪婪，她覺得自己如此優秀就理所當然應該擁有想要的一切，包括愛情婚姻、榮華富貴。十七歲的時候，她發現在段正淳身上就可以得到這全部。段正淳身為大理國鎮南王，更是皇太弟，如果與之成就好事她就是王妃，因此儘管段正淳是有婦之夫也要不惜代價拚一次。不幸的是，段正淳這個百年不遇的風流公子，無情地擊碎了小康的少女美夢。康

敏在這一次打擊之後堅強地站了起來，不久嫁給丐幫副幫主
馬大元。蕭峰在小鏡湖遇段正淳時看他是「四十來歲，五十
歲不到的年紀」，而段正淳長相年輕，當時很可能已到五十
歲，即便他四十多歲，也比當時二十七歲的康敏大了十幾
二十歲，而他們相戀的時候，康敏十七歲，段正淳應該三十
幾快四十了。據相關的情節分析，馬大元甚至可能比段正淳
還要年長。康敏曾說：「馬大元，你活在世上是個膿包，死
了又能作什麼怪？老娘可不怕你？」由此可見康敏對馬大元
並無真愛，而馬大元活著的時候她就已紅杏出牆。據此推
測，她當初嫁給馬大元基本上是因為馬大元為丐幫副幫主，
權勢地位雖不比段正淳，卻也不甚差。

　　按以上邏輯繼續推理，康敏蠱惑馬大元扳倒蕭峰，除卻
少看她那一眼的仇恨，恐怕還有令馬大元取代蕭峰的盤算。
馬大元身為前任幫主臨終授祕的副幫主，在丐幫地位高、分
量重，如果蕭峰出事那麼他晉升一把手的可能性極大。客觀
說，康敏的心機的確勝於尋常女子，接近高智商人群。然而
康敏的心理出了問題，最終瘋了。如福柯所說，「正是人在對
自身的依戀中，透過自己的錯覺而造成瘋癲」[09]。幼時的心
理問題始終沒有有效解決，又一次次受到致命「傷害」，康
敏終於徹底爆發 —— 你們不讓我得到，我就毀了這個世界！

[09] [法] 米歇爾·傅柯：《瘋癲與文明》

藏經閣一課

在金庸的武俠世界裡，能人輩出，高手雲集，一流之上還有超一流，超一流之中還有絕頂的。然而，大名如雷貫耳的絕頂大師不算稀奇，他們身後還有武功深不可測的無名隱者。排來排去，我們發現出場的人物裡面武功最厲害的似乎是《天龍八部》中那個無名老僧，他不僅沒有像樣的名號，而且地位卑微，只是個在藏經閣中掃地的雜役，所以常被稱為「掃地僧」。

老僧的出現極其突然。藏經閣中，蕭峰昂然拒絕慕容博合力吞併中原的提議，窗外掃地的老僧便開口稱讚，蕭氏父子、慕容父子加上鳩摩智這五大當世高手此時才知外面有人，以他們的蓋世武功此前竟然毫無知覺，這已經令他們驚詫無比。接著老僧說出蕭遠山和慕容博三十年前潛伏到藏經閣所閱典籍的名稱，這使兩人目瞪口呆。更讓人無語的是，老僧將蕭遠山、慕容博還有鳩摩智在武功修練中出現的致命問題一一道破，甚至三個人身上哪疼哪癢他也是瞭若指掌。對於這位沒什麼印象的掃地僧的遠見卓識，隨後趕來的諸位少林高僧也無不納罕、敬佩。轉瞬之間，老僧在三尺之外又不聲不響化掉心存疑慮的鳩摩智使出的無相劫指，鳩摩智終於也折服了。

隱世幾十年的無名掃地僧一朝現身，是要來上一堂課，

為蕭遠山和慕容博。他很清楚兩個人都已是當世罕見的武功奇才，眼下他要講的內容沒人能代課授教。蕭遠山和慕容博在少林隱匿三十年，苦練武功，臻入化境，但他們因此而得的併發症除了老僧也沒人能治。這堂課的教學目標很明確，不僅要治兩個人身體的病，還要治他們心裡的病。

透過這一番開場，行動遲緩、慢聲慢語的枯瘦老僧把在場的武林一流人物全都震住了。眾人於是開始懷著急切的心情聽聞解救之道，偏偏老僧並不就此給出答案，更不立即動手施救，而是留下這個懸念。他輕輕合掌消解了蕭峰打向慕容復的「見龍在田」後問蕭遠山：「倘若你有治傷的能耐，那慕容老施主的內傷，你肯不肯為他醫治？」——教學內容由武功和傷病研究擴大到對「身心靈」的全面探索。蕭遠山說開什麼玩笑，三十年來我忍辱負重朝思暮想的就是殺了他報仇。老僧說那好，然後輕飄飄一掌打死慕容博。蕭遠山立時茫然了，因為這三十年裡他生命的全部意義就是報仇，現下慕容博死了，仇報了，那自己活著的意義是什麼呢？這時慕容復摩拳擦掌要為父報仇，蕭遠山正想不明白活著到底為了什麼，說那你要報仇就來吧。老僧說如果他把你殺死了，你兒子又得找他報仇，這不沒完沒了了嗎，乾脆可我一人禍害吧。於是老僧又輕飄飄打死了蕭遠山。

這下大家全傻了，到底是什麼情況？正當被打死了父親的蕭峰和慕容復雙雙發力打向老僧的時候，老僧已經提了兩

具屍身乘風而去。眾人追到一片樹林裡，竟然發現老僧正在向蕭遠山和慕容博發功。原來兩個老爺子的傷太重，必須龜息閉氣然後再治療 —— 也就是強制關機然後重啟新的系統。怎麼做新系統呢？簡單說，兩人一個陽火太旺，一個陰氣太盛，讓他們倆雙手相握、十指緊扣，老僧給他們互相匀一匀就好了。

兩人體內因此有了彼此的氣息，在鬼門關走了一回之後再醒轉過來，一下子什麼都想開了。而他們的病，最根本上，還是源於只練武不念佛，戾氣無處消解，於是兩人當即拜在老僧門下，成為他的正式學生。老僧就地端坐說法，這堂課也由教室上到了操場，聽講的除了兩個爸爸、兩個兒子，還有那些被武功名利所累的眾生。教學效果非常好，在場眾人都情不自禁紛紛跪將下來，聆聽開示。

掃地僧對蕭遠山和慕容博等人的開示顯然遠遠超出了武學的層面，他的關注點已經從武學轉向了人本身，用時髦一點的話說屬於對人的存在的終極關懷。他使用的方法則是盧梭、杜威等人高度重視的「情境教學法」，引導蕭遠山和慕容博等人在特定情境中去思考武功之外「學會如何做人、如何看待事物、如何與他人相處、如何充實人生並享受生命的快樂，使生存狀態更好，生存品質更高」[10]。掃地僧不僅是武學大師，還是教育大師、人生導師。

[10] 國際 21 世紀教育委員會：《教育 —— 財富蘊藏其中》。

藏經閣一課

被拐少女的短暫人生

　　很多人不喜歡阿紫，因為她很壞。是的，阿紫最鮮明的特點就是壞。她喜歡惡作劇，但她的惡作劇常常演變成作惡。如果說柔絲網縛住褚萬里是惡作劇，騙虛竹吃肉是惡作劇，戲弄星宿派的師兄弟是惡作劇，那麼割了店小二的舌頭、虐待游坦之、對沒有反抗能力的康敏施以極刑，怎麼說都不能以惡作劇定性。她殘忍的惡，來自她的冷酷無情。對生命她無知，見魚殺魚，逢龜殺龜，她說「我就是喜歡濫殺無辜」；對親情她無感，面對親生父親的死、同胞姐姐的死，她都未見悲傷。父親臨死時，她說要是沒有真本事便不認他；姐姐臨死時，她覺得姐夫好帥。這是典型的對他人冷漠、缺乏罪責感和同理心的人格傾向，稱為冷酷無情特質（callous unemotional trait，CU），簡稱 CU 特質。

　　阿紫當時也就十四五歲年紀，是什麼讓一個小女孩形成這樣的人格？歸根究底，阿紫是一個棄兒。段正淳與阮星竹生下阿朱和阿紫後，不負責任地將兩個孩子遺棄。阿朱的運氣相對好些，被燕子塢收養，阿紫則不幸輾轉淪落星宿派。從一出生便流落江湖，寄人籬下，所受困厄可想而知；再沾染一些不良習氣，便更加沒有人尊重她，沒有人看得起她。甚至後來她的姐父 ── 大英雄蕭峰都曾對她說過「你姐姐比你好一百倍」、「你永遠也比不上她」之類的話，「對這個刁

蠻姑娘忍不住生出厭惡之情」。阿紫的冷漠性格、攻擊行為最早便出於此。研究顯示，CU 特質者在兒童和青少年階段皆表現出更嚴重、更穩定、更具攻擊傾向的反社會行為，在成人期易演變為暴力犯罪並最終發展成終身持續犯罪人。[11]

因為被拋棄、被忽視，阿紫在潛意識裡要透過一系列非正常行為引起他人注意，證明自己的存在，與被拋棄、被忽視相抗爭。她找不到比惡作劇、叛逆更為有效的方式來進行這種抗爭，這些不當行為暴露出的是歸屬感和自我價值的缺失。同時，因為被遺棄，她從未體驗過親情的滋味，所以看起來有些麻木冷漠。與她相比，姐姐阿朱生活的燕子塢多少還有些人情味。從阿朱所住的別墅「聽香水榭」來看，慕容復對待自己的婢女還都不錯，所以同為棄兒的阿朱儘管也喜歡玩易容術惡搞，但沒有像阿紫那般冷漠無情。阿紫眼睛瞎了之後隨游坦之落寞遊蕩，蕭峰遇見她勸她跟父親去大理或者跟自己回遼國南京，阿紫卻說哪也不去，「我寧可在江湖上流浪，日子總過得開心些」。這既是她的真心話，也是要用這種決絕的方式報復拋棄她的那些人。

阿紫的冷漠、狠毒也是對別人施予她冷漠、狠毒的報復，是在各種險惡環境下練就的求生本領。她是先被拋棄，後被拐賣。她被拐賣到星宿派 —— 一個邪惡的黑社會團體。

[11] 參見肖玉琴等：《冷酷無情特質：一種易於暴力犯罪的人格傾向》，載《心理科學進展》2014 年第 9 期。

星宿派在江湖上惡名昭彰，是丁春秋背叛師門後自創的門派，專在「毒」上下功夫。掌上帶毒，暗器帶毒，武功陰損狠毒。丁春秋的化功大法專門吸人內力，江湖上無不談之色變、深以為恥。這樣的成長環境裡，阿紫「見慣了陰狠毒辣之事，以為該當如此」，缺乏對善惡是非的判斷能力，沒有健康積極的價值觀。棄兒心理作怪，又沒有老師和心理醫生的幫助和疏導，加之星宿派的邪惡環境，共同造就了阿紫的性格。這樣的成長環境也使阿紫少不了遭受各種虐待，而從心理學上看，「兒童時期受到虐待的成人傾向於在家庭內和家庭外都表現出暴力行為，而且他們表現出高於一般水準的犯罪行為、藥物濫用、抑鬱和其他形式的心理困擾」[12]。所以她對於自己暗算褚萬里、虐待游坦之、傷殘康敏這類行為，內心絲毫不以為是錯。

更令人髮指的是，星宿學校的無恥校長丁春秋竟然對青春發育期的阿紫性騷擾。阿紫滿臉精靈之氣，嬌小玲瓏，雙目靈動有神，秀眉星目，皮色白淨，五官精緻，相貌極美。待阿紫年紀稍長，丁春秋瞧著她的目光有些異樣，有時伸手摸摸她臉蛋，摸摸她胸脯，阿紫害怕起來，就此偷了「神木王鼎」逃到中原。幼時遭遇性騷擾、性侵犯，容易形成創傷體驗進而導致無法正常與異性交往，阿紫在游坦之身上表現出的虐待狂行為以及對姐夫蕭峰的痴戀就是例證。

---

[12] [美]David R. Shaffer:《發展心理學——兒童與青少年》（第六版），鄒泓等譯。

　　儘管冷漠無情，但阿紫並沒有泯滅最後的人性與良知。當她看到丁春秋和慕容復過招時不惜將自己的弟子一個個毒死，也產生了惻隱之心，一時言語失當被丁春秋點瞎雙眼。其實，讓阿紫瞎了眼睛也並非作者本意，那一段是因金庸外出由倪匡代筆而為。[13] 如果把這當成作惡的代價，那作了這個惡的是阿紫的父母而非阿紫。瞎眼還不夠，最後她更是以死證明了自己對蕭峰真摯而熱烈的愛。她抱著蕭峰的屍身奔下懸崖，她以生命的代價向世人質問：我的苦你們懂嗎？阿紫死時也不過才十五六歲，一個棄兒，一個被拐賣的孩子，一個誤入歧途的可憐少女。

[13] 倪匡不喜歡阿紫所以把她寫瞎了，後來他不無歉意地對金庸說：「你臨走時叫我不要弄死人嘛，我是弄傷了，打打殺殺肯定會弄傷。」見於李懷宇：《倪匡：我唯一可以謀生的手段就是寫作》，收入氏著《訪問歷史》。

醜小靖是如何變成俠天鵝的

　　郭靖是金庸武俠小說中最無可爭議的「俠之大者」，他的地位自然與他「為國為民」的英雄俠義氣概有關，但也離不開他一身的硬功夫——特別是出手有如排山倒海的降龍十八掌。然而，郭靖少時習武是大費了一番周折的。

　　當年丘處機與江南七俠打賭，對楊康和郭靖各自傳藝授業，十八年後由二人比武分高下。花開兩朵，各表一枝。江南七俠在黃沙莽莽的蒙古大漠找到六歲的郭靖時，發現這孩子幾乎是個傻瓜，他們甚至想過直接認輸。江南七俠對於李萍和郭靖母子的幫扶，這件事情本身當然非常值得稱道。他們與郭靖母子原本非親非故，並無任何關係。然而，他們古道熱腸，行俠仗義，為了完成托孤之使命，匡扶忠良之後，陪著郭靖母子扎根邊疆，十幾年無怨無悔，為郭靖的人生啟蒙有重要的貢獻。七俠更是因此捲入江湖紛爭的漩渦，最終除大俠柯鎮惡外，其餘六俠均獻出了寶貴的生命，可歌可泣。為師若此，當為教育界的楷模。然而遺憾的是他們的教學情況實在乏善可陳，十幾年未見成果。

　　可是，當十八歲的郭靖遇見北丐洪七公，他便開始了自己的蛻變過程。洪七公僅用一個多月的時間，一邊吃著黃蓉烹調的田雞腿和八寶鴨，一邊教會了郭靖絕世神功——降龍十八掌，並且郭靖「學得頗為到家」，「一個多月之間，武

功前後已判若兩人」。從這個華麗轉身開始，郭靖往登峰造極的境界越靠越近，「醜小靖」慢慢變成了「俠天鵝」。為何同樣是郭靖，前者學無所成，後者卻走上了大師之路呢？金庸先生在書中用一句話道破了其中奧祕：「郭靖資質駑鈍，內功卻已有根底，學這般招式簡明而勁力精深的武功，最是合適⋯⋯」頭十八年儘管沒學出名堂，但江南七俠孜孜不倦加上郭靖肯於吃苦，基礎打得很是扎實，而最關鍵的是降龍十八掌之於郭靖「最是合適」，這就叫因材施教。

簡單複習一下當年孔子因材施教的故事。某日子路問孔子：「我聽來一個好想法，是不是應該這就去做？」孔子答：「你有父兄在，怎不和他們商量一下？衝動是魔鬼！」冉有也來問同一個問題，孔子答：「快去做，再不去就晚了！」公西華覺得很奇怪，問道：「為什麼同樣問題兩般應答？」孔子說：「冉有比較膽小，所以要給他打氣；子路太猛，所以得磨他銳氣。」[14] 遇到同樣的問題不同的人都要採取不同的做法，何況是教本領學功夫呢？洪七公弟子眾多，但他真正認真傳授過武功的其實只有兩個人——郭靖和黃蓉（其實黃蓉也是順便教的，他還教過穆念慈、楊過武功，但要麼沒有詳提，要麼屬於非正式授課），然而對這兩位徒弟的教育是極其成功的，其深遠影響足以使他的姓名在武俠教育名家之列。當然洪七公對於兩人特別是郭靖的影響還不只是武

---

[14] 出自《論語·先進》。

功的傳授，還有作為「最高正義化身」[15]對其「俠之大者」的人格塑造。但若單論教學經驗，最值得稱道的就是這因材施教。他根據郭靖的自身條件教他降龍十八掌，這套掌法的特點就是招式簡明，勁道精深，只要下功夫必能成功；而對於黃蓉，洪七公根據她古靈精怪、聰穎過人的性格特徵，傳授她逍遙遊和打狗棒法，這兩套武功都是招數精妙且變化多端，正好適合黃蓉。

郭靖天資駑鈍，通俗地說就是相當地笨。然而，凡事有利就有弊，有弊則有利。駑鈍，正好適合學習降龍十八掌這樣剛猛的武功。江南七俠教了十幾年都沒教出什麼成果，就是因為他們沒有研究一下郭靖到底適合學什麼，一會拳劍暗器，一會教輕身武術，一會教騰挪之技，一會教剛猛功夫，知識都學雜了，基本上教十招也學不到一招。就好像現在很多父母，今天讓孩子學畫畫，明天讓孩子學樂器，後天又讓孩子補數學，學來學去發現這孩子「天資駑鈍」，學什麼都不行。其實駑鈍的是父母自己。郭靖如果不遇見洪七公，可能會永遠是一個凡夫、一隻醜小鴨，只有洪七公出現，這隻醜小鴨才開始變成白天鵝。

江南七俠在大漠十八年的教學之所以沒有成果，還有一個原因，就是應試教育之弊。丘處機與他們訂了一個十八年的比武之約，郭靖在這十八年裡接受的更像是一場持久的應

---

[15] 嚴曉星：《作為耶穌的洪七公》，收入氏著《金庸識小錄》。

試教育。師父們一再表示郭靖資質太差，少不了常說：「趕緊練，人家老楊家那小子一定比你聰明，比你學得好！」試探前來送信的小道士尹志平武功之時，幾個人就曾如是嘆息。作者在書中也指出他們的確是「望徒藝成心切」、「欲速則不達」、「貪多嚼不爛」。應試教育難免捨本逐末、急躁冒進，所以才會拳劍暗器、輕身武術、騰挪之技、剛猛功夫一起教，所以才會十幾年下來不見成效。好在郭靖運氣不錯，得到著名大家洪七公的青睞。此後，郭靖才開始真正得到卓有成效的指導和點撥。[16]

---

[16] 對郭靖的成長和教育問題，在本書〈郭靖的輔導員〉、〈玩出來的天下第一〉、〈李萍女士千古〉等文中還有繼續探討。

郭靖的輔導員

在郭靖從草原傻小子成長為國民大俠的道路上，除了有江南七俠、洪七公、老頑童這些師父授之本領，還有一位極為重要的人物，出現在郭靖走出大漠步入江湖的關鍵時刻，從此成為郭靖人生的一盞明燈，時刻為郭靖指引方向，可謂是逢山開路、遇水搭橋，輔助郭靖完成「為國為民」的宏圖大業。這個人就是黃蓉。儘管後來黃蓉成為郭靖的妻子，但黃蓉之於郭靖的意義絕不只是一般的妻子那麼簡單。

兩人相識之初，郭靖是去赴江南七俠與丘處機嘉興煙雨樓之約，黃蓉是離家出走漫無目的地閒遊。表面看起來，總是郭靖像敦厚長者一樣勸勉黃蓉，告訴她要懂禮貌，不能騙人，不能見死不救，等等，實則這些都是類似於對小學生生活禮儀的基本要求，二人中真正的老師是黃蓉。

郭靖十八年來都生活在草原大漠中，儘管空間上廣袤無垠，但生活平靜安逸，身邊就是有限的那些人，加上草原人民本來就淳樸粗獷，所以他的閱歷極為簡單。走出大漠，郭靖一下子置身另一個世界。剛到張家口，他就覺得「從未到過這般大城市，所見事物無不透著新鮮」，與原來的生活截然不同。事實證明，郭靖此後的經歷也絕對是光怪陸離、風起雲湧。那樣一個單純少年，又沒有過人的本事，突然扔到這樣一個完全陌生的環境裡，際遇多多，但也險境多多，稍

不小心就會遇險,因為他走的是危機四伏的江湖路,他的身分注定要他捲入各種漩渦。

此時,是黃蓉及時出現,幫助郭靖實現了草原雛鷹踏足中原的第一步。她帶著郭靖認識了江湖,認識了社會。黃蓉自小是個沒人管的孩子,生活在桃花島上,只有一個不著調的父親,動輒因為與父親吵架便離家出走,憑著家傳的一些絕技,四處漫遊。所以,儘管年齡比郭靖小兩三歲[17],但黃蓉的閱歷卻很豐富,給初入社會的郭靖領領路綽綽有餘。

緊接著,黃蓉為郭靖引薦了他人生中最為重要的老師 —— 洪七公。黃蓉慧眼識英雄,在茫茫人海中認出蹲在角落裡啃雞腿的老叫化子就是大名鼎鼎的北丐洪七公。於是她千方百計與之結識、相處,並進一步設法請求洪七公傳授郭靖武功。郭靖隨即得到洪七公親傳神功 —— 威震天下的降龍十八掌。這套功夫簡單會幾招就已經可以在走江湖的初級階段防身自保了,這是郭靖真正進入武學殿堂的開始。北丐義薄雲天、胸懷天下的英雄豪氣也潛移默化地影響著郭靖大俠人格的形成。如果說郭靖結識洪七公之後才開始步入高等教育的學習階段,那麼黃蓉無疑擔負起了他輔導員的重任。她不僅從生活、思想上照顧關心郭靖,而且為郭靖設想規劃,提供教育資訊,竭力引薦名師,不斷為郭靖破除前進道路上

---

[17] 按書中字面表述,黃蓉比郭靖小兩三歲。但是若以相關情節推導,黃蓉則可能比郭靖還大幾歲,這顯然不是作者本意,而是寫作漏洞。參見劉立民:《查大俠「犯迷糊」—— 金庸小說中的明顯漏洞》,收入氏著《閒聊江湖》。

的障礙，更幫他找到《武穆遺書》，為後來郭靖守衛襄陽而成就一代俠名提供了重要保障。

　　從郭靖走出大漠直到回歸草原隨成吉思汗西征花刺子模，是他成長的重要階段。西征時的郭靖已經完成了成為大俠前的所有準備，包括人生見識、武功修為和軍事才能。而這些，都離不開黃蓉的引導。可以說在郭靖成長的關鍵時期，黃蓉充當了他的陪伴者、引領者。這樣的陪伴者、引領者，可以是親人、師長，可以是朋友、同學，也許他沒有能力給你多麼專業的知識、技能，但是他了解你，可以站在旁觀者的客觀角度幫助你，甚至只是不自覺地影響你，也可能在某些困難發揮無法替代的作用。

　　對比郭靖的結拜兄弟楊康，他剛好缺少這樣的陪伴者、引領者。[18] 郭靖與楊康其實正代表著人性中的兩個面。即便我們做不成郭靖，我們也需要郭靖式的正直與果敢；即便我們不願做楊康，我們也無法從骨子裡完全剔除楊康式的自私與貪婪。所以很多時候我們需要一個引領和陪伴者，在我們迷茫困頓的時候，那個人能拉我們一把；在我們行走在懸崖邊緣的時候，那個人會提醒我們。

---

[18] 楊康成長案例見本書後文〈楊康死因再調查〉。

郭靖的輔導員

黃蓉的幸福從哪裡來

　　她有一位高大無比的父親，一身家傳絕技令她小小年紀獨闖江湖；她有一位名滿天下的丈夫，這個男人辭去金刀駙馬、撕毀指腹婚約，對她一輩子忠貞不渝；她有一位英雄無敵的師父，衣缽相授使其終成一代女俠；她有自己的事業，一度掌舵中原武林第一大幫，盡顯領袖風采；她有幸福的家庭，三個子女都在不同程度贏得了自己的人生。她是黃蓉，金庸武俠世界裡知名度最高的女子，也可以說是最聰明、最幸福的女子。黃蓉的出身、愛情、事業、家庭，樣樣都好，令人豔羨至極。

　　很多人把黃蓉的諸多成功歸功於她的聰明和家境好，覺得這是天生的，是命運使然。這其實只說對了一半。首先，即便說聰明是先天因素，那麼好學一定是後天的，而人的智慧更多來自後天的學習，透過學習提高抽象思維能力及有效解決問題的能力。只不過聰明人可能學得快，即便是郭靖那樣的資質駑鈍的人不也練成獨步天下的武功了嗎？也許生在桃花島是偶然，也許認識郭靖是偶然，也許遇到洪七公是偶然，然而縱觀黃蓉的成長之路，她的幸福人生絕不是先天造就，更非偶然得來。

　　先說說黃蓉的父親。儘管我們沒有看見黃藥師如何手把手輔導女兒，但是身為父親，黃老邪在讀書學習這個問題上

無疑給黃蓉樹立了好榜樣。黃藥師不僅武功高深，而且上知天文下知地理，如此的武學造詣和博學廣識，家裡怎麼可能沒有許多書，他怎能不是每天鑽研？而且他性格孤僻，一向獨來獨往，喜歡清靜。身為天下「五絕」之一，少不了有各種邀請、應酬，但從不見他參加。《神鵰俠侶》開篇就講郭靖黃蓉夫婦婚後和他一起住在桃花島，可沒多久他就搬走了，說是另尋清淨之地。自己孩子他都嫌太吵，這人得孤僻到什麼程度！與其說孤僻，不如說他是要專心修練。他話也很少，從沒見他滔滔不絕、長篇大論，甚至被人冤枉也不解釋、不爭辯。這些都是大學者、大智者的常見性格。黃蓉小時候父親給她最深的印象不外乎兩個，一個是獨自悼念仙逝之妻，另一個必然是伏案讀書、埋頭練功。兒童有很強的模仿能力，耳濡目染之下，黃蓉自然會對讀書學習產生興趣。黃藥師平日裡也少不了會做一些經典注釋之類的事情，寫寫讀書筆記、學習心得，黃蓉隨便翻翻也會大有所獲。日積月累，即便不怎麼教，黃蓉也會學到很多東西，父親再稍加指點，蘭花拂穴手、桃華落英掌，還有一些奇門陣法都是不在話下的。

　　長大後，黃蓉遇到了一位名副其實的老師——洪七公。她能在茫茫人海中認出那個老叫化子，源自她不凡的見識，這顯然還是來自父親的影響。黃老邪很清高，不太可能跟黃蓉說些家長里短，他說出來的多半是關於天下的大事，對於

江湖上很多人和事都有所了解的黃蓉也的確經常把「我聽父親提起過」云云掛在嘴邊。正是因為有了這樣的準備，所以黃蓉抓住了那一次注定改變自己和郭靖的命運的機會。洪七公先後傳其滿天花雨擲金針、逍遙遊掌法以及打狗棒法。北丐洪七公絕對擔得起一代名師的頭銜，他不僅成功調教了未來的「俠之大者」郭靖，同時量身訂做般傳授黃蓉一系列武功。在《神鵰俠侶》中，有黃蓉傳授魯有腳打狗棒法的橋段，從中可以看到這套武功與黃蓉性格的呼應。我們不得不再一次感嘆洪七公的慧眼，因為適合所以學得好，這也是黃蓉武功好的關鍵。另外，這件事也展現出洪七公不拘流俗、慷慨豪邁的氣度。你是北丐，她的父親是和你不相上下的東邪，武學家門並非一路，你想教，也得經過對方家長的同意啊！這在門派師承上是很敏感的問題，可是洪七公並不管那套世俗禮法。因此說，洪七公對黃蓉的影響不只是武功的傳授，還有他襟懷磊落、行俠仗義的英雄氣概，這無疑強化了黃蓉大家風範的女俠氣質。

郭靖遇到黃蓉，是他命運轉折的開始；而黃蓉遇到郭靖，其人生才真正拉開帷幕。郭靖讓她懂得了謙遜、尊重、善良、正直等為人的優秀品格。郭靖儘管駑鈍，小時候學習成效不好，但比成就更重要的是他良好的人品。黃藥師又叫黃老邪，在品格修養上特立獨行，時有偏激，這使得少年黃蓉身上帶有刁蠻、任性、我行我素等缺點。然而郭靖不厭其煩

加以勸導，並以身示範，終於使黃蓉沒有在自己的缺點上越走越偏。黃蓉沒有像一些「富二代」或「俠二代」那樣自恃出身名門而過度驕縱、失去進取之心，除了與自幼養成的好學品格有關，也得益於郭靖長期陪伴下的監督。隨著年紀增長，郭靖的人生修為不斷提高，愈加不會縱容黃蓉的任性，在郭襄和郭破虜的教育問題上明顯吸取了黃蓉對長女郭芙驕縱無度的教訓，發揮出父親的主導作用。[19]

要說黃蓉的一生都是身處順境、事事圓滿也並不客觀，她內心深處有一個很大的傷疤，就是從小沒有得到母愛。黃蓉的母親在她出生的時候就離開了人世，黃藥師常年沉溺於喪妻之痛，對黃蓉難有體恤，否則黃蓉也不會重傷之後得到一燈大師一句慰撫便大哭不止。試想，一個十幾歲的小女孩沒見過娘，爸爸又喜怒無常，一個人在外面流浪，也蠻可憐。大概是如此痛苦的經歷使她感到母愛的重要，因此出於一種補償心理，難免對幼時的郭芙溺愛。誰也不願遭遇厄運，然而這樣的經歷也促進了黃蓉的早熟。沒人管她，她便自立起來，不僅練出一手好廚藝[20]，而且十幾歲就闖蕩江湖如履平地，進而形成了勇於擔當的性格。在洪老幫主勁力全失、丐幫可能分崩離析的緊急關頭，小女子黃蓉臨危受命，

---

[19] 關於郭靖對教育子女問題的態度變化參見後文〈郭襄為何比姐姐更為出色〉。

[20] 據評論家葉洪生言，臺北某餐館的「射鵰英雄宴」按照「黃蓉菜單」整治書中珍饌，黃蓉以「小半個時辰」烹調之菜肴餐館至少須時一晝夜。見葉洪生：《論劍──武俠小說談藝錄》，學林出版社 1997 年版，第 278 頁。

平定亂局。

　　其實身處黃蓉的位置，父親、師父、愛人都是稱霸天下的大師、高手，就算自己不再苦苦努力也沒什麼關係，可是她始終沒有滿足於眼前的成就。年輕時不說，就算是有了孩子、年歲漸長之後，她還在不斷充實自己，《神鵰俠侶》中多處提到她不斷進修深造的情況。如故事一開始，郭黃二人發嘯聲挑戰李莫愁，說是「郭靖的嘯聲雄壯宏大，黃蓉的卻是清亮高昂。兩人的嘯聲交織在一起，有如一隻大鵬一隻小鳥並肩齊飛，越飛越高，那小鳥竟然始終不落於大鵬之後。兩人在桃花島潛心苦修，內力已臻化境，雙嘯齊作，當真是回翔九天，聲聞數里」。後面還有，「這時屋頂上黃蓉雙掌飛舞，已與這十餘年不見的老對頭鬥得甚是激烈。她這些年來武功大進，內力強勁，出掌更是變化奧妙，十餘招中，歐陽鋒竟絲毫占不到便宜」。到了《神鵰俠侶》第三十一回，黃蓉更是連著硬接裘千尺的三枚棗釘，而裘千尺的棗釘連楊過手中緊握的匕首也能打落。以上足以看出，黃蓉一生都在勤學苦練，一生的幸福並非唾手可得。

黃蓉的幸福從哪裡來

從蘿莉到狂魔

　　年少時在電視上見過幾回梅超風，沒什麼好印象，覺得她就是個心狠手辣的女魔頭，每次出場都帶著懾人的妖風，據說當時是很多孩子的夢魘。也難怪，香港版《射鵰英雄傳》中梅超風的形象也的確陰森恐怖，難以讓人喜愛，儘管飾演該角色的演員是位大家公認的美女。直到上大學後讀起金庸原著，才發現梅超風也是個可憐人，是值得同情的。待到如今年紀又長，再讀《射鵰英雄傳》，更加覺得梅超風命運之可悲可嘆，甚至她也有可愛之處。

　　梅超風的女魔頭印象主要來自她的陰毒武功 ── 九陰白骨爪。這門功夫原載武學著作《九陰真經》，「源自道家法天自然之旨，旨在驅魔辟邪、保生養命」，原名叫「摧堅神爪」。梅超風與師兄陳玄風當年從師父黃藥師那裡盜走半部《九陰真經》，不懂得上卷「養氣歸元」等根基法門，依樣畫葫蘆只練下卷武功，杜撰出「九陰白骨爪」的名字，最後才導致邪門歪道。真經原文中「摧人首腦」實為攻敵要害、擊敵首領之意，梅超風卻理解為插人頭蓋骨。為加快練功進度，梅超風殺人如麻，甚至走火入魔，不僅形象盡毀，骨瘦如柴，蓬頭亂髮，面色慘白，雙目洞黑，而且性格也變得喜怒無常，哭笑不定，還經常嚎叫著將十根利指插向天空。梅陳夫妻二人因此被人們稱為「黑風雙煞」。

　　這段學習經歷是極其痛苦和變態的。導致梅超風夫婦學藝悲劇的直接原因是教材殘缺，他們只學得一知半解，斷章取義，曲解要旨。其實動一動腦筋是可以發現其中的問題的，《九陰真經》是以道家典籍《萬壽道藏》為理論基礎的，怎麼可能教授如此狠毒恐怖的武功，甚至教唆殺人？當時的武校類似於職業技術學校，大概不像私塾、書院那樣重視知識學習，兩人因此缺乏基本常識。不善於思考，是典型的「學而不思則罔」，結果不僅白學，甚至是南轅北轍，越走越遠。

　　進一步探析，其悲劇的深層原因則要到那不堪回首的青春歲月中去尋找。在《射鵰英雄傳》第十回，有一大段梅超風的內心獨白，她兒時父母相繼去世，漂亮可愛的小蘿莉被惡人欺侮折磨，後被黃藥師救下收做徒弟。在桃花島習武期間，梅超風與師兄陳玄風相愛並私定終身，事發後逃離桃花島，並順走了黃藥師的半部《九陰真經》，這是一切悲劇之始。那為什麼兩人相愛就要逃走呢？書中並無表明桃花島有不許師兄妹之間締結姻緣的規定，相反，這在武俠世界是非常常見的。比如，《笑傲江湖》裡岳不群、寧中則夫婦是師兄妹；《俠客行》裡「黑白雙劍」石清、閔柔夫婦是師兄妹。那麼，梅陳二人的恐懼我認為首先是源自自身的無知。在青春期的那個懵懂年紀，偷嘗禁果給他們帶來了沉重的罪惡感，他們可能覺得兩人相愛相許是一件見不得人的事情。那就一

不做二不休，索性一走了之吧！反正也是叛逃師門，乾脆再順手將祕笈盜走，自學成才。於是，兩人就這樣踏上了不歸路。

當然，金庸老先生新修版的《射鵰英雄傳》與前版在這裡有一些出入，新修版中金庸明示黃藥師本有對女弟子梅超風的愛慕之意，大徒弟曲靈風自認為懂得師父心意，想替師父出氣故私下處罰二人。然而即便在新修版中，黃藥師在那時也已經放下了，覺得與女弟子相愛不太好，就控制了這段沒有發生的感情，娶回了阿衡，也就是後來生下黃蓉的女子。而對於梅陳的結合，在新修版中黃藥師也是認可了的。我相信，一代宗師東邪黃藥師是有這個胸懷的。曲靈風私自替師父出頭令黃藥師十分不快，他那樣一個特立獨行且又自負的人是不願意被人窺測到內心隱私的。何況那個偷窺的人還是自己的徒弟，真是膽大包天！於是首先被打斷腿逐出師門的便是曲靈風。

暫且不論新舊版本孰優孰劣，無論如何，梅超風與陳玄風是在青春躁動期沒有處理好敏感的兩性問題而導致了人生悲劇。梅超風與師兄相愛時不過十七八歲，很多問題她也許是真的不懂。如果二人在第一時間向師父說明情況，及時溝通，就不會有後來的私奔，就不會有盜經以及陳玄風慘死和梅超風一生的悲劇。其實，根據梅超風後來表現出的堅毅、隱忍與刻苦等優秀特質中可以看出，如果她不是在人生的最

關鍵時期走錯了一小步，一定可以順利完成武術的修行，甚至有可能成為一代女俠。而真實情況是，她淒涼與孤獨地走過了短暫的一生，最後死在師父的懷裡。兩種命運之間，就差那麼一小步。

楊康死因再調查

　　忠良之後楊康誤入歧途，導致身敗名裂，在最好的年華悲慘死去，令人唏噓。楊康的悲劇是怎麼造成的？這個問題值得我們深思。他本是楊家將後裔，祖上楊再興是岳飛麾下名將，父親楊鐵心雖然流落江湖耕田打獵，但也一身正氣、扶危濟困。《射鵰英雄傳》一開篇，便是楊鐵心及其結義兄弟郭嘯天兩人與說唱藝人張十五、隱居俠士曲三、全真道長丘處機交往的事蹟，隨後遭逢大難，被貪戀楊鐵心妻子包惜弱美色的完顏洪烈剿殺，郭嘯天遇害。這段故事雖然不長，但浸透著英雄豪氣，堪稱「鐵血丹心」。身懷有孕的包惜弱被完顏洪烈設計收留，委身北上金國中都，楊康便是在金國六王爺完顏洪烈的趙王府中出生的。

　　完顏洪烈儘管採用卑鄙手段奪人妻子，但他此後對包惜弱母子卻是體恤有加。他對包惜弱十分尊重，百般照顧，十八年如一日，雖貴為王爺但為了包惜弱竟沒有再娶其他女人，可謂用情專一。他從牛家村楊家舊居搬來全套家具以慰她思念前夫之情；無論出差到哪裡都不忘帶回些奇珍異寶以討她歡心，可以說在感情上完顏洪烈算是個痴心人。愛屋及烏，再加上楊康天生英俊聰明，完顏洪烈自己又無其他妻妾子嗣，所以對待楊康視同己出。這就是楊康貴為「小王爺」的成長環境。

　　很多人把楊康的淪落歸咎為富貴鄉必出紈絝子弟，連他的師父長春子丘處機都說他「貪戀富貴，不是性情中人」，似乎楊康學壞是命中注定的。的確，富貴很容易讓人不思進取、腐化墮落，但這當然並非絕對的。丘處機的話帶有楊康本性就不好的意味，就更不對了。

　　如果說楊康的淪落與富貴有關係，那也是富貴環境下父母驕縱的結果。在內心深處，完顏洪烈是把楊康當作自己的接班人來培養的。只可惜，這位胸懷大志的六王爺腦筋都用在了逐鹿中原的事業上，而且個人道德有瑕疵，對兒子只知寵愛，不懂教育。另一方面，因為不是親生，他怕包惜弱認為他待兒子不好，所以事事縱容。楊康闖禍之後，包惜弱說「你爹知道了倒也沒什麼」，就說明了這一點。說這句話那一幕，正是包惜弱自牛家村遭難十八年後以六王妃身分隆重出場。當時楊康走到她身旁，拉住她的手道：「媽，你又不舒服了嗎？」包惜弱嘆了口氣道：「還不是為你耽心？」接著又說：「眼也腫了，鼻子也破了，還說好好地？你這樣胡鬧，你爹知道了倒也沒什麼，要是給你師父聽到風聲，可不得了。」楊康在大街上欺壓百姓胡作非為，做母親的非但沒有撫慰受害的穆易父女和郭靖等人並批評兒子，反而只是擔心自己的兒子有什麼閃失、是否受了傷，還怕師父知道之後予以責罰。簡直是嬌慣無度，溺愛到了令人髮指的程度。

　　父母不懂教育，老師應該正向引導。可恰恰楊康的師父

沒有盡到這個職責。楊康先後拜過丘處機、梅超風、歐陽鋒為師。梅超風教楊康《九陰真經》中的幾招武功，是為了楊康能給她提供食物和練武用的活人靶子，談不上什麼教導，更何況她自己都是需要教導的人。歐陽鋒最初答應完顏洪烈對楊康「指點幾樣功夫」，是因他覬覦《武穆遺書》故而接近完顏家族，及至歐陽克死後正式收楊康為徒之時，楊康距離他生命的終點也不遠了，而歐陽鋒本也是個品行不端的「老毒物」。真正稱得上楊康師父的就是丘處機，全真弟子，名門正派，想來會在傳授武功的同時悉心教導楊康如何做人。然而事實是，丘處機失職至極。這位丘真人在楊鐵心夫婦當街自絕、楊康拒不認祖歸宗轉身離去之後，慷慨有詞地說：「……幾次教誨他為人立身之道，這小子只是油腔滑調地對我敷衍。若不是和七位有約，貧道哪有這耐心跟他窮耗？本待讓他與郭家小世兄較藝之後，不論誰勝誰敗，咱們雙方和好，然後對那小子說明他的身世，接他母親出來，擇地隱居……」無論該不該及早告知楊康身世，既然拜了師，他都應該在品德修養上盡到為師之職，相反他以楊康「不是性情中人」、「油腔滑調」為由稱「沒有耐心跟他窮耗」，這絕不是稱職的老師該有的作為。學生存在各種缺點才是學生，都是優點還要老師何用？丘處機認為楊康天生資質不行而放棄教育，當真是喪失了最基本的職業操守。另外，養父完顏洪烈為了自己的大業，招攬了沙通天、彭連虎、梁子翁、靈智

上人、侯通海以及歐陽鋒父子、裘千仞等江湖人士。這些人都有一技之長，完顏洪烈要利用他們幫助自己成就事業，可是楊康終日與他們在一起必然深受其害，因為這些人都是道德人品上有問題的人，有的還罪孽深重。楊康坑蒙拐騙、背信棄義等諸多低劣品德多半是跟這些人學的。

鐵槍廟中，楊康想殺黃蓉滅口，反而中毒身死，時年未滿十八歲。從根本上說，楊康死於父母溺愛與師父失職。

至於楊康得知身世之後依然追隨養父完顏洪烈，在倫理、道義上為人詬病與恥笑在所難免。然而若從人性角度分析，楊康也有可憐之處。出生在殺父仇人之家，他沒得選擇，十八年間也沒有人告訴他真相；從小得到氾濫成災的愛也不是他的錯，那是父母主動施予他的，他無法作主；真相大白之後他依然不願歸漢，則與他的成長環境密切相關，十八年所受都是金人教育，他難以一時轉換身分；至於他沒有為生父報仇反而救過完顏洪烈，也得設身處例思考，十八年的慈愛真實地存在著，不是一下子就能抹殺的，而生父對於他來說真的很遙遠，很陌生。[21] 如果說楊康對於完顏洪烈有無法割捨的感情可以理解，那麼他明白真相之後嫌貧愛富

[21] 金庸在其作品中對於「快意恩仇」等傳統武俠觀念的解構與反思極為值得關注。王立先生提出，金庸小說這種對仇殺的消解「是現代文明觀念對於野蠻心理遺存的勝利」。參見王立：《武俠文化通論》。事實上，對於復仇問題的探討和爭論早在春秋戰國時期就已出現，而從「現代文明觀念」的角度看，中國自兩漢以後個人復仇行為就始終被法律所禁止。參見王思傑：《從先秦到兩漢中國復仇倫理的轉變》。

就顯得難以原諒。楊康最大的錯誤是放棄了自我救贖的機會，無論是始終對他抱有希望的結義兄弟郭靖還是至死追隨他的穆念慈，都一次次相信他，可是他已經泥足深陷，無力回頭，他只能去另一個世界救贖了。

楊康死因再調查

並未消逝的琴音

　　秦南琴，說出這個名字，料想會有相當一部分朋友不知道是誰。這是一個存在於 1957 年至 1959 年《香港商報》連載版《射鵰英雄傳》裡的人物。這部小說 1972 年前後經金庸修訂並在《明報晚報》連載，此時的版本中秦南琴就已經不見了。在成書後的出版後記中，金庸言明是「除去了秦南琴這個人物，將她與穆念慈合而為一」。[22] 說到這裡就不兜圈子了，秦南琴是在初版《射鵰英雄傳》中與穆念慈並立的人物，地位甚至比穆念慈還要重一點，因為她才是楊過的生母。而該版的穆念慈在鐵槍廟中因不忍看著中毒的楊康萬般痛苦，故刺死楊康而後自殺殉情。

　　為什麼四十年後還要重提秦南琴呢？因為凡是看過初版故事的讀者，都會對這個美麗動人的女子懷有極深的印象，而且，楊過儘管後來被金庸「過繼」到穆念慈名下，可事實上他身上依然有著「生母」秦南琴的影子。

　　秦南琴出場時是個十幾歲的捕蛇少女，為郭靖途中偶遇。當時郭靖與黃蓉因華箏公主的出現產生感情裂痕，獨自去宮中尋洪七公未果，騎著小紅馬追趕黃蓉並赴丐幫岳州之會，以防偷了打狗棒的楊康興風作浪。路上他在一片古樹林

---

[22] 據香港明河社 1976 年版《射鵰英雄傳》及遠景出版事業公司 1980 年版《人漠英雄傳》之〈後記〉。

旁遇見官兵欺壓秦老漢和他的孫女，出手相助，就此結緣。
秦氏祖孫系廣東人，逃難江西，開荒種地，捕蛇為生。地方
縣衙喬太爺大概從前是混黑道的，為練毒砂掌逼迫秦老漢月
繳毒蛇二十條，當月沒繳上，便派爪牙來強搶老漢妙齡美貌
的孫女去做小妾。郭靖打退官兵救了祖孫二人，秦老漢這個
孫女就是秦南琴。在與祖孫倆相處的短暫時光裡，最令人難
忘的，就是當晚南琴陪同郭靖密林捉血鳥。那段故事不僅情
節奇幻，而且把一個清麗少女刻劃得栩栩如生。夜深人靜，
月光之下，郭靖曾見 ——「這少女膚色極白，想是自幼生在
山畔密林之中難見陽光之故，這時給月光一映，更增一種飄
渺之氣」。這樣的描寫不禁讓人想起小龍女，她許多年後的
兒媳。

　　然而，秦南琴卻並未見過她的那位真的不食人間煙火的
仙女般的兒媳，她沒有活到那一天。生活幾乎隔絕塵世的秦
南琴對善良寬厚、武功高強且有救命之恩的郭靖暗生愛慕，
而當她看到隨即現身的黃蓉與郭靖實是天生一對，便把這份
感情與牽掛埋在了心底。但命運不公的是，郭黃二人離開不
久，秦老漢便被鐵掌幫的人殺害，秦南琴也被擄到鐵掌峰，
裘千仞將其送給當時也在鐵掌峰上與其狼狽為奸的楊康。面
對楊康的侵犯，秦南琴寧死不從，但失去反抗能力的秦南琴
最終沒能逃脫楊康的魔掌。秦南琴因此懷孕，而腹中的孩子
就是楊過。秦南琴是個烈性女子，被侵犯之後不僅沒有喪失

意志，而且展開了周密的復仇計畫。她曾決絕地以毒蛇設計要致楊康於死地，還在中毒後奄奄一息的楊康面前撕碎他囑託交給完顏王府的與《武穆遺書》相關的籍冊，好讓他死不瞑目，楊康因為白駝山弟子突然出現而僥倖逃生。

秦南琴講完自己的遭遇，辭別郭黃二人，道聲「祝恩公長命百歲」，飄然而去。她回到爺爺生前捕蛇的古林之中隱居，生下楊過，繼續以捕蛇為生。大約兩三年後，郭靖黃蓉又過古林，重逢南琴，為其嬰孩取名為楊過；楊過五歲時，秦南琴死於蛇毒，少女之花過早枯萎，年輕母親香消玉殞；又八九年後，流浪街頭的楊過遇李莫愁、遇歐陽鋒、遇柯鎮惡、遇郭靖和黃蓉，開始跌宕起伏的一生。

秦南琴與穆念慈，誰者是為楊過生母，有著重大分別。穆念慈對楊康充滿無知的崇拜，她是真愛楊康，認為楊康儘管有缺點但也不失為一個英雄；秦南琴對楊康則恨之入骨，幾欲碎屍萬段，在她眼裡楊康毫無疑問是卑鄙無恥的惡魔。這兩個母親對兒子楊過會如何談起他的爸爸呢？穆念慈一定會對楊過說他的爸爸是何等英明了得，劉德華版的電視劇《神鵰俠侶》就有楊過出場時跟丐幫弟子驕傲地炫耀其父楊康是一位大英雄卻反被嘲笑的情節，我覺得如此編劇非常符合情理。反之，秦南琴是無論如何也不會這樣描述孩子他爸的，即便不會當著兒子面大罵楊康，也至少只能是閉口不提。而無論是在孩子面前表現對其父親的恨意，還是從來不

提這個父親，都會使孩子形成後天自卑、孤僻的性格，這些在楊過身上是十分明顯的。他在桃花島上難以融入那個上流家庭，不僅是因為自己是個被收留者，更是因其自卑與孤僻的性格。

此外，楊過的聰明、狡黠和隱忍，也多半源自秦南琴的智慧與堅毅。當年秦南琴對郭靖、黃蓉與穆念慈三人講述事件過程的時候語調平靜、神情木然，月夜古林裡那個活潑可愛的少女不見了。這一變化說明其所受打擊之大，也凸顯其強大的內心與超出常人的隱忍能力。秦南琴這種性格特質明顯遺傳給了黯然銷魂掌的創立者、少年多難的楊過。與之相比，善良軟弱、頭腦簡單的穆念慈的確沒有她更像楊過的母親。當初作者為了整體結構忍痛刪掉了這個悲情少女，跟她一起隱去的還有浴火而生的血鳥。儘管我們在後來各種版本中均不見其倩影，至今很多讀者不知秦南琴為何許人也，可是，在名動天下的神鵰大俠身上，我們卻依稀還能感受到她清冷的氣息、她的恨、她的不平、她的卑微與孤寂。

斯人早已隱沒，琴音並未消逝……

最酷老師和他的痴情學生們

　　金庸武俠世界裡最酷的老師非黃老邪莫屬，黃老邪還有一個比較莊重的名字叫黃藥師——人家名字裡本來就有個「師」字。黃藥師精國學，通醫術，在首屆華山論劍，他名列「五絕」之一，得號「東邪」。說他酷是因為他不僅武功卓然一家，而且特立獨行，來去無蹤。所謂「桃花影落飛神劍，碧海潮生按玉簫」，獨居東海桃花島的黃藥師身上隱隱帶著一種絕塵的仙氣。然而，這樣一位仙氣飄飄的老師，卻也做過一件很殘酷的事情，親手釀成了後來影響整個武林的教學事故。他在一次跟學生發脾氣的時候體罰學生，哦，那已經不是體罰了，應該說是毆打，黃老師把他所有的學生的腿都給打斷了。

　　那件事情的起因是他的一對弟子陳玄風與梅超風偷了《九陰真經》後逃出桃花島。對陳梅二人的背叛，黃藥師極為憤怒。一個自負清高、自命不凡的幾乎都要成神成仙的人，怎麼能容忍弟子背叛？這是相當傷自尊的事情，輟學當逃兵也就罷了，竟然還順走了半部《九陰真經》，那可是我新婚的夫人用她的聰明才智從老頑童那裡辛苦得來的寶貝，是我們倆感情的見證！於是，即將臨產的黃夫人不忍丈夫生氣，便第二次默寫《九陰真經》。無奈事隔已久，加之身懷六甲，黃夫人心力交瘁早產而逝。這下黃老邪徹底崩潰了，盛

怒之下打斷了所有徒弟的腳骨並全部逐出師門。事情還沒結束，黃老邪由此遷怒老頑童，將他困在桃花島上，逼他交出《九陰真經》下卷，以焚祭夫人。老頑童當然不肯，結果被黃老邪一困就是十五年。

如果說虐打學生是源於喪妻之痛，心智失常一時衝動，那麼將老頑童困在桃花島十五年當真是毫無道理。好在老頑童心態好，有吃有住，一個人玩得不亦樂乎。從打殘學生這件事上看，黃藥師顯然不是個好老師，行事為人還真帶有幾分邪性。但重點還在後面——對於黃老邪這樣一位極其暴力的老師，他的學生非但不恨他，而且還都終生敬仰之、懷念之。梅超風臨死時還以重歸師門為榮耀，她躺在黃老邪懷裡一聲聲叫著「師父」的情節，瞬間讓人們忘記了她就是那個嗜血的女魔頭，真情流露，催人淚下。

畢竟是天下超一流大師、乾坤五絕之一，東邪自有其一代宗師的人格魅力。這份魅力不僅來自於他出神入化瀟灑淋漓的武功，還來自於他無所不通的逼人才氣，以及他天性率真、清高脫俗、敢做敢當的優異品格。《射鵰英雄傳》一開篇，開小酒館的跛子曲三曾在深夜密林中對郭嘯天和楊鐵心說：「資質尋常的，當然是這樣，可是天下盡有聰明絕頂之人，文才武功，琴棋書畫，算數韜略，以至醫卜星相，奇門五行，無一不會，無一不精！只不過你們見不著罷了。」說著抬頭望向天邊一輪殘月，長嘆一聲。曲三就是當年被黃藥

師逐出桃花島的弟子之一曲靈風，那一聲嘆息中顯然飽含著對師父的無限敬佩與懷念，那一晚他正是為了能討黃藥師歡心好允他重歸師門而入皇宮盜寶，恰被郭楊二人巧遇。對於黃藥師的才能，曲靈風說得仍然不全，幾乎那個時代的人文科學、社會科學、自然科學他都無不涉獵。可以說這的確是一個天賦異稟、絕頂聰明的人，只要他有興趣的，就沒有學不會、學不精的。黃老邪的武功均屬自創，靠著自修自悟登頂五絕，卓然成一家，堪稱大宗師，若不是他一怒打跑了所有弟子，桃花島是有機會成為武林一個大門派的。落英神劍掌、蘭花拂穴手、彈指神通、玉簫劍法，這些武功就像它們的名字一樣逍遙與飄逸，配上黃老邪永遠的一襲青衫，絕對屬於男神的等級。

　　黃老邪身上有著一種魏晉人的風度與狷狂。他桀驁，他性情，他孤獨，他放浪不羈，他「形相清臞，風姿雋爽」，他「蕭疏軒舉，湛然若神」。黃蓉離家出走，他破了不出桃花島的誓言出海尋找，遇到完顏洪烈一夥人，靈智上人騙他說黃蓉已死，他長笑大哭，眾人竟情不自禁都要落淚。歐陽鋒比較了解他，聽他哭得撕心裂肺，心想：「黃老邪如此哭法，必然傷身。昔時阮籍喪母，一哭嘔血斗餘，這黃老邪正有晉人遺風……」黃老邪個性鮮明，行事但求心之所適，常人以為是的，他或以為非，常人以為非的，他卻又以為是，他年輕時更是非聖毀賢，指斥朝廷，「越名教而任自然」，因

此才得了「東邪」的諢號。

　　儘管這個老師脾氣不太好，但是他的能力、才華與超俗的氣質對學生們有深厚的影響，幾位弟子不僅終生對老師念念不忘，而且在江湖上也從沒有給桃花島和老師丟臉。梅陳二人對陣江南七怪，打死一個打傷六個；梅超風單挑全真七子，雖未取勝，但能讓七人聯手動用天罡北斗陣的恐怕天下也沒幾個人了。桃花島門人不僅武功上不遜於當時各門派二代弟子，而且氣節上也不含糊。幾個弟子中年齡最小、武功最低的馮默風，後來在襄陽城外為了保護郭靖和楊過離開蒙古大營，死於金輪國師之手，場面非常悲壯。陸乘風興建歸雲莊，多有義舉。至於做了錯事的梅超風後來則深深悔過，更捨命護師令黃老師老淚縱橫。打斷學生的腿還讓學生感恩不盡，天下恐怕只有黃藥師做得到。當然，不管怎麼說，黃老師打學生都是不對的，而且出手那麼重。其實後來他自己也有悔意，曾委婉地向弟子們致歉。勇於承認錯誤並且知錯能改，對於這麼一位「神仙」等級的「邪」師來說也算難能可貴了。

男神一切看心情

　　「射鵰」故事的眾多武功祕笈中,有一部由道藏經典演化出來的武術指南,也是首屆華山論劍上眾人矚目的珍寶,叫《九陰真經》。經中所載奇幻奧祕、神妙之極,學武之人無不心中嚮往,它的作者姓黃,名叫黃裳。

　　著名黃藥師也姓黃,兩人又都是武術家,是不是有什麼關係?答案是,沒關係!郭靖在老頑童周伯通講述《九陰真經》的來歷提到黃裳時不自覺說道:「原來他也姓黃。」周伯通立即當頭棒喝說:「呸!什麼也姓黃?這跟黃老邪黃藥師全不相干,你可別想歪了。天下姓黃之人多得緊,黃狗也姓黃,黃貓也姓黃。」當周伯通接著說道:「這個跟黃老邪並不相干的黃裳,是個十分聰明之人……」郭靖嘴上沒說,心裡卻又想:「原來他也是個十分聰明之人……」的確,表面上看,這兩個黃姓本家都很聰明。然而,兩位黃姓武術家不僅沒關係,而且在武術研究這個問題上,黃藥師與黃裳比起來其實差別很大,儘管不像周伯通言外之意所流露的那麼誇張。為什麼這麼說呢?

　　首先,黃老邪續不出後半部《九陰真經》。不是我們非要黃藥師續書,而是下半部《九陰真經》被黃藥師的弟子陳玄風和梅超風夫婦盜走之後,黃老邪發誓如不補全經書不離桃花島半步。說這話的時候,黃老邪自認為聰明過人,自己

又看過經書上的武功，所以一定可以補全經書，事實上他這個目標始終沒能實現。但他也沒有信守不離桃花島半步的諾言，後來還是因尋找女兒黃蓉而離開了桃花島。

其次，黃老邪在第一次華山論劍之後幾十年武功幾無長進。第一次華山論劍，王重陽力壓群雄成為五絕之首，剩下的四位則不分伯仲。東邪的名號響徹江湖幾十年，給人的印象始終是高高在上的。可是仔細推敲，隨著時間的流逝，同儕都在進步，只有黃老邪並無明顯提升，他幾乎成了這些超一流高手中最差的一位。當年排名第一的王重陽早逝不提，二十五年後第二次華山論劍，練武練到精神分裂的歐陽鋒拔得頭籌，又過了十幾年北丐洪七公與西毒歐陽鋒在華山之巔打了幾天幾夜相擁而逝，也就是說洪七公至少也已經達到了與歐陽鋒不相上下的水準，而郭靖在《神鵰俠侶》第二回已經可以和歐陽鋒打平手，黃老邪、一燈、老頑童三人制住金輪國師，楊過卻一人可勝金輪國師。所以這樣大致排下來，黃老邪在同輩連同晚輩佼佼者中都很可能是墊底的。捋起來有點亂，但即便拋開這些不論，至少沒見書中對黃老邪武功表現有過多描寫，其他人卻都各有精彩呈現。

第三，黃老邪號稱一代大師卻給身邊人一次次帶來災難。比如，夫人阿衡為了給他默寫《九陰真經》，心力交瘁早產而死，一代才女香消玉殞，黃老邪因此不能算是好丈夫；黃蓉不僅從小沒了母親而缺少母愛，而且雖有父親卻缺少父

愛，剛愎自用的黃老邪逼得女兒屢屢離家出走，在江湖上歷盡劫波（黃蓉受重傷找到一燈大師相救時，一燈一句話便令她感到溫暖至極，大哭起來），黃老邪因此不能算是好父親；陳玄風與梅超風的悲劇也與黃老邪的疏於教導有關，他將所有弟子毆打致殘，基本上毀了他們的一生，黃老邪再受學生喜愛也不能算是好老師；還有一次洪七公、老頑童和郭靖想要做他那艘特製的「死亡之船」離開桃花島，黃老邪不僅見死不救而且索性讓三人給妻子陪葬，這件事實在恐怖，黃老邪因此也不能算是好人。

　　總結原因，以上三個問題都是源於黃老邪性格的自負和偏激。說他自負，他倒也的確有自負的資本，黃老邪應該是金庸所有作品裡最博學、最有才的一個人。然而，「聰明反被聰明誤」的古諺在黃老邪身上也完全應驗了。遇到問題他都自恃聰明而獨自研究，他不屑與人交流，對待親人朋友總是一副冷冰冰的樣子，甚至一度以面具示人，意思是我這麼清高尊貴的容顏面貌怎能讓你們這些凡夫俗子瞧見？個人再聰明其能力也是有限的，所以把自己的智慧發揮到極致之後就無法再進步了。當然黃老邪武功進境不大也與他興趣過於廣泛以致精力分散有關。偏激，一半源於聰明自負，一半源於痛苦經歷。金庸在新修版《射鵰英雄傳》中補充了黃藥師的身世，說他出身書香門第，祖上世代貴為公侯，祖父因替岳飛說話遭到謫貶殺害，家屬充軍雲南。家道中落的悲慘經

歷難免對幼時的黃藥師產生深刻影響，他從小對忠君事親的聖賢之道不屑一顧，甚至以不孝之罪被逐出家門，此後加倍地非聖毀賢，任性獨行。自負和偏激不僅使他在年少的時候極為叛逆，而且成年後也依然如是。

再看當年黃裳，所遭苦厄絕不比黃老邪少。他青年時期在人生的一個巔峰突遇變故，親人全部罹難，他是以怎樣的忍辱負重的低姿態在窮荒絕地苦修武功的？黃裳早年在對《萬壽道藏》[23] 雕印時熟讀千遍，因而悟出武學門路，後又四十年如一日埋頭鑽研，方得破敵要訣，又經生死頓悟，最後結晶成為《九陰真經》，成為亙古獨立的大宗師。其實以黃老邪之聰明才智和武功修為，他若真能沉下心來鑽研未嘗續不出那半部真經，然而黃老邪後來顯然對這件事已經沒太大興趣了，他也懶得想那麼多，他更願意率性而為、恣意行事，一切看心情。

---

[23] 黃裳雕印的《萬壽道藏》是中國歷史上第一部全雕版的《道藏》，對於道家文化的傳承貢獻巨大，影響深遠。參見許起山：《黃裳與〈萬壽道藏〉在福州的雕版》。

玩出來的天下第一

老頑童周伯通是金庸武俠小說中一個極為有趣的人物，並且他最令人羨慕的是，身為「射鵰三部曲」裡的絕頂高手之一、「新五絕」之首的「中頑童」，他自己習武練功基本上沒有吃過苦。什麼「學海無涯苦作舟」、「梅花香自苦寒來」這些金句諺語與老頑童一概無關，「苦學」、「苦練」這樣的事情在周伯通身上是找不到的。他自始至終都是為了好玩，他是在「打醬油」的路上一不小心被奉為超一流絕頂武術家的。

所有功夫都是玩著玩著就學會了，老頑童是武學界的大玩家。他學武也沒有任何其他目的，只是為了尋找「無窮樂趣」。他與郭靖在桃花島上初遇時說：「天下玩意兒雖多，可是玩得久了，終究沒味。只有武功，才越玩越有趣。兄弟，你說是不是？」這算問「對」人了，郭靖生平練武吃盡了苦頭，這個問題對於郭靖簡直匪夷所思。當老頑童問道：「傻孩子，傻孩子，那你幹嘛要練武？」郭靖則回答：「師父要我練，我就練了。」這是多麼無奈的選擇！更好玩的是，恰恰是這位把練武視作遊戲的老頑童教會了練武吃盡苦頭的郭靖好幾樣神奇武功。

老頑童教郭靖武功也沒有什麼目的，甚至都不是為了教而教。他完全是因為自己在桃花島上寂寞無聊，忽然來了一

個夥伴，沒別的遊戲可玩，就教武功玩吧，教會了才能互相
拆招解悶。專家說，「引導學生投入學習過程」是促成有效
教學的關鍵行為，有效教學「致力於增加學生學習學術性科
目的時間」，提高「投入率」。孔子就經常彈著琴開始上課，
《論語》中關於孔子及其弟子「彈琴」、「鼓瑟」、「擊磬」、
「玄歌」的記載隨處可見。老頑童的教學引導首先是要郭靖陪
他摔跤，而這正是郭靖所擅長和喜歡的，摔幾天之後就學會
了七十二手空明拳。老頑童又透過「左手畫方，右手畫圓」
的小遊戲為引導很快教會了郭靖雙手互搏術。隨後，更是惡
作劇般把《九陰真經》傳給了郭靖。因為教主、師兄王重陽
早有禁令，凡全真弟子不可習練《九陰真經》，老頑童不能
違令，但他深知天下學武之人無不覬覦此經。以研究武學為
樂的老頑童想看看《九陰真經》到底有多厲害，自己又不能
練，於是突發奇想，偷偷將《九陰真經》傳給郭靖，讓郭
靖不知不覺練成神功。也只有老頑童能想出這樣的奇招，這
就是玩著學，玩著教，是真正的娛樂教學。郭靖就是這樣不
知不覺地成長為了武林高手，他功夫的長進很快便在實踐中
得以驗收，在稍後和歐陽克的對壘中，他所顯的身手令黃藥
師、歐陽鋒這樣的當世一流武術家都「不禁一驚」、「齊感詫
異」。

在遇見老頑童之前，教過郭靖功夫的有江南七俠、射手
哲別、全真派馬鈺道長和北丐洪七公。郭靖從江南七俠那裡

並沒有學到什麼過人本領，原因除了江南七俠本身的能力有限，其教學方法也極不合理，基本上是填鴨式教育，老師和學生都心力交瘁，最後效果也很差。在哲別那裡，郭靖主要學射箭，這項功夫與武功相比沒有太多門道，勤學苦練就能有成效，所以郭靖學得還不錯，甚至一箭雙鵰獲賜金刀。馬鈺則只教了郭靖一點點內功，也沒有什麼可說。到了洪七公，則因材施教地教了郭靖降龍十八掌，但初學者郭靖還未能依此成為武林高手。待到老頑童出現，郭靖才逐漸領悟武學真諦，甚至還發現自己此前學習降龍十八掌沒有領悟到的東西。當郭靖反覆操練、揣摩老頑童的「以空對空」、「以柔迎柔」時忽然悟到洪七公所傳授的降龍十八掌「必須費力少而留力多，倒也不是一味剛猛」，剛中有柔才厲害。從此，郭靖才走上成為大師的道路。如果說是洪七公把郭靖帶進了武學的殿堂，那麼讓郭靖得以登峰造極的正是老頑童。

另外，我們還可以看到像洪七公、小龍女和老頑童這樣的武學奇才，在教學方法上的相似相通之處。小龍女和老頑童一樣都致力於娛樂教學。[24] 洪七公和老頑童對於「句句含義深奧，字字蘊蓄玄機」的艱深武功教材，都認為可以先「只記不用」，待到武功修為與見識慢慢提高，那些本就爛熟於心的口訣便會在實踐中自然而然轉化成真功夫。這應該就是英雄所見略同吧，達到一定境界之後看問題會更加心有

---

[24] 小龍女教學案例見本書後文〈最美女老師的趣味教學法〉。

靈犀。尋找樂趣是老頑童自學與教學雙豐收的法寶，因為只是為了玩，毫無功利之心，最後才達到了無人能及的高深境界。一向恃才傲物的黃藥師也不免贊道：「老頑童啊老頑童，你當真了不起，我黃老邪對『名』淡泊，一燈大師視『名』為虛幻，只有你，卻心中空空蕩蕩，本來便不存『名』之一念，可又比我們高出一籌了。東邪，西狂，南僧，北俠，中頑童，以你居首！」老頑童看起來瘋瘋癲癲，但他絕不是「空空蕩蕩」到真的瘋、傻，他其實深諳教育之道。初識郭靖，老頑童就曾以少有的嚴肅道出郭靖將來能成大器的一個重要品格，即「心地忠厚，胸襟博大」。

當然，如果以優秀教師的標準評價老頑童，他有一個致命的缺點，就是只教書不育人，因為他自己還沒成人。有時，他還玩得有點過頭。比如在與靈智上人打賭的時候，他險些因貪玩而送了自己和洪七公的性命。他心智不成熟，沒有擔當，付不起責任，他用一輩子的逃避來傷害愛他的女人，所以他是老頑童。若追溯其性格成因，則可從書中獲知，他從小是孤兒，跟著師兄王重陽行走天下。王重陽是何等人物？是全真教的開宗者、創派祖師，是當時天下第一的武術大師。對於少年周伯通來說，王重陽是大哥，是老師，是父親，有這樣高大偉岸頂天立地的山峰作為倚靠，周伯通大概寧願一輩子當頑童了。

成長環境和條件優越，他才得以放肆地玩，才會只為興

趣過人生，最後達到至高境界；也正是因為成長環境和條件的優越，他才不用挑大梁、擔重任，遊戲一生，逃避一生。

所以，越是成長環境和條件優越的孩子，越是應該加以引導，趨利避害。

李萍女士千古

金庸武俠小說裡合格的母親並不多，諸如黃蓉、寧中則、閔柔都是與男性英雄齊名的女俠，也算賢妻良母，但她們對孩子都有不同程度的嬌慣，其他的母親問題就更多了。懂得教育之道，並且把孩子培養成才的母親，恐怕只有李萍，她是《射鵰英雄傳》中郭嘯天的妻子。所謂「俠之大者，為國為民」，他們的兒子郭靖能成為金庸武俠世界裡的第一大俠，與這位母親的言傳身教有很大的關係。

郭嘯天是梁山泊好漢地佑星賽仁貴郭盛的後代，因北方淪陷，流落臨安牛家村。雪夜驚變之後，郭嘯天遇難，李萍被段天德劫持。為了保住腹中孩子，李萍不斷反抗，至金國地界後又被金兵所擄流落大漠。在一次混亂中李萍逃走，靠著頑強的毅力於雪地產下一子，即為郭靖。她在蒙古牧民的幫助下搭茅屋、養牲口、紡羊毛，含辛茹苦把郭靖養大。李萍儘管是臨安人，說著吳儂軟語，但她不僅身體健壯，而且性格也更像自己的山東丈夫，剛烈堅強。小郭靖儘管笨拙了一些，但卻被母親教導得善良、正直、勇敢，所以才會在一個偶然的機會以六歲的年紀不顧自身安危相救草原神箭手哲別，也因而結識了創業時期的青年鐵木真 —— 未來蒙古帝國的大汗。

那次事後李萍看著傷痕累累的郭靖，不僅沒有責怪他的

冒失，反而稱讚道：「乖孩子，為人該當如此。」、「媽媽說
的，須得幫助客人，不可要客人的東西。」、「媽媽說的，
不可跟人家打架。學了本事打人，媽媽要不高興的。」這些
都是郭靖從小就記在心上的母親教誨。在義與利面前，李萍
如同俠士一樣明確知道什麼更重要。郭靖陣前立功，不僅被
成吉思汗封為千夫長，還給了他「金刀駙馬」的名分。對於
這一對孤兒寡母來說，這絕對是天大的喜事，然而李萍從六
怪處得知這一消息，撲通跪倒，言及不能違背郭楊兩家指腹
為婚的舊約，那時她還不知楊家生的也是兒子。對於榮華富
貴，李萍毫不貪戀，郭靖長大成人之後，她便對郭靖提出希
望早日回到老家鄉下生活。

　　李萍的見識還遠不只這些，她人生最絢爛的一刻是以死
明志，臨終教子。當看到成吉思汗所授錦囊之中南下奪宋的
密令，母子面面相覷，心涼半截。成吉思汗還在密令中說大
功告成之後郭靖便是統馭大宋山河之王，但這也沒能打動母
子的赤誠之心。郭靖欲帶著母親連夜南逃，被蒙古官兵綁
至大帳，成吉思汗再次軟硬兼施，郭靖「想起母親平日教
誨」，不敢從命。李萍這時把郭靖拉到角落說了一番話，憑
這番話，李萍絕對堪稱天下母親的楷模。李萍說：

　　「二十年前，我在臨安府牛家村，身上有了你這孩子。
一天大雪，丘處機丘道長與你爹結識，贈了兩把匕首，一把
給你爹，一把給你楊叔父。」

「丘道長給你取名郭靖，給楊叔父的孩子取名楊康，你可知是什麼意思？」

「是啊。楊家那孩子認賊作父，落得個身敗名裂，那也不用多說了，只可惜楊叔父一世豪傑，身後子孫卻玷汙了他的英名。」

「想我當年忍辱蒙垢，在北國苦寒之地將你養大，所為何來？難道為的是要養大一個賣國奸賊，好叫你父在黃泉之下痛心疾首麼？」

「人生百年，轉眼即過，生死又有什麼大不了？只要一生行事無愧於心，也就不枉了在這人世走一遭。若是別人負了我們，也不必念他過惡。你記著我的話罷！」

說完這些話，這個偉大的母親向著兒子凝望良久，最後說道：「孩子，你好好照顧自己罷！」然後舉起匕首割斷郭靖手上的繩索，隨即把利刃刺入了自己的胸膛。她不願成為成吉思汗要脅郭靖的籌碼，她擔心兒子被迫就範成為大宋的罪人。李萍的一生吃了很多常人難以想像的苦，但她堅韌地活著，而且活得很有尊嚴。面對如此的大變故，她堅定的做出選擇 —— 捨生取義。儘管是不會武功的一介女流，但她身上的俠義精神綻放出的耀眼光芒足以令許多鬚眉男兒汗顏。也許李萍並不懂得什麼拯救民族危亡的大道理，但她相信丈夫一定是對的，希望兒子不辱父志，希望兒子有能力捍衛正義，也懂得寬恕。現在，她可以無怨無愧地去面見黃泉之下

的嘯天義士了。李萍女士千古！[25]

　　蘇霍姆林斯基在《家庭教育學》一書中說：「孩子道德發展的泉源在於母親的智慧、情感和內心的熱情，人在自己的道德發展中變得如何，取決於有什麼樣的母親。」靖康之恥，記於子名。同是結義兄弟的妻子，軟弱的包惜弱沒能在氣節、俠義等重要方面對兒子進行教導，只是在金碧輝煌的趙王府後院修建了一間茅草屋以求心安。對於楊康的虛偽狡詐、貪圖名利和道德淪喪等嚴重問題，這個母親負有不可推卸的責任。而對於少年郭靖來說，江南七俠、成吉思汗，以及後來的洪七公等人對他的成長均有幫助，但他的道德操守、俠義精神和高尚的理想信念最直接的來源無疑就是母親。是母親用自己的生命告訴郭靖，人生當中什麼是最可貴的，什麼是可以放下的，什麼又是應該永遠追求的。

[25] 金庸先生在戰亂中痛失慈母，筆者相信李萍的身上有作者自己母親的影子，因此寫來如此動情。參見傅國湧：《金庸傳》（修訂版）。

你在東歐還好嗎

華箏公主在《射鵰英雄傳》裡是一個名字非常熟悉但形象又很模糊的女子，我們在讚嘆郭靖和黃蓉這對天成佳偶的同時，不要忘了這位孤獨的女子在西方遙遠的異域，東向而立，矚目漢水流過的方向，用一生等待著自己的心上人。[26]

華箏初次對郭靖流露愛意，是在她十四歲的時候，郭靖當時十六歲。那日成吉思汗一行人眼看黑色群鵰圍攻白色雙鵰，紛紛搭弓射箭驅趕黑鵰，唯獨郭靖一箭雙鵰獨領風騷，成了草原小英雄、少年哲別。成吉思汗問他要什麼賞賜，他回答說自己和媽媽承蒙大汗照顧，什麼也不缺，要說請求便是代華箏求大汗不要把她許配給惡人都史。成吉思汗聽罷哈哈大笑，當然不允，意思說這事早就定了，婚姻大事豈可兒戲？然後把貼身佩戴的虎頭金刀賜予郭靖。事後華箏問郭靖為什麼不讓她嫁給都史，郭靖回答說因為都史很壞，小時候就曾放豹子要吃托雷。華箏繼續追問：「我如不嫁給都史，那麼嫁給誰？」郭靖擲地有聲地說了四個字：「我不知道。」華箏說「呸」，接著怒道：「你什麼都不知道！」

儘管沒有直接表達，但華箏的語言中藏著的情愫已經十

---

[26] 漢水系長江最大的支流，流經襄陽。據〈襄水〉一文，「漢水流經襄陽時，與檀溪水和襄水合而為一，合流後的這段水仍被人們稱為襄水」，這也是襄陽城名稱的由來。襄陽詩人孟浩然有〈早寒江上有懷〉詩云：「木落雁南度，北風江上寒。我家襄水曲，遙隔楚雲端。鄉淚客中盡，孤帆天際看。迷津欲有問，平海夕漫漫。」

分明顯。她期待的回答顯然是郭靖表達對她的在意、關心，甚至愛慕。兩個人可以說是青梅竹馬，他們在那次都史放豹子事件中結緣。驕縱的都史自恃王罕之孫，耀武揚威欺負華箏的哥哥托雷和郭靖，指揮寵物豹咬托雷。剛剛四歲的華箏趁母親不注意跑過去摸豹子玩，緊要關頭郭靖就地打滾救出華箏。從此，他們便經常一起玩耍，一起扮家家酒。郭靖「呆頭呆腦，四歲才會說話」，本來就發育較晚，而且一直都把華箏當妹妹看，所以他在十六歲時聽不懂華箏的弦外之音也可以理解。直到一年多以後，這件事被華箏的父親成吉思汗挑明了。

都史的父親桑昆和札木合在完顏洪烈的唆使下，要聯手滅掉成吉思汗，成吉思汗陷入包圍的危急時刻，郭靖憑藉小紅馬的神勇以迅雷不及掩耳之勢擒住都史，為成吉思汗擺脫危機立下大功。經過那一場戰鬥，華箏與都史的婚約自然解除，成吉思汗幾碗酒下肚後清清嗓子當眾對郭靖宣布：從明天起，你是我的金刀駙馬；從明天起，餵馬劈柴，給你一頂帳篷，面朝草原，春暖花開。

郭靖聽了有點暈，倒不是因為幸福來得太突然，而是他一時還難以確定成吉思汗那幾句話對於他來說到底是不是幸福。現在看來，華箏當時所經歷的只不過是一場單相思的早戀，對於一個少女來說極為正常。然而，兩天後，郭靖離開生活了十八年的大漠，離開了自己的那個「最熟悉的陌生

人」——未婚妻華箏，獨自南下，因為他的幾位師父在他還沒出生的時候就跟人約了架。臨別時，華箏無限感傷，郭靖卻一如平常，氣得她把青驄馬打得條條血痕。

這一去，約架並不是重點，重點是俏黃蓉啟蒙了傻郭靖。郭靖在黃蓉那裡知道了什麼是愛情，他也明白了他對在家等著自己的公主只有親情沒有愛情。可是他的那位神一樣的準岳父即將完成統一蒙古的大業，成為當時世界上最強的霸主。也不知郭靖是否知道，歷史上的成吉思汗曾經把另一個女兒布亦塞克許配給弘吉剌部的酋長，酋長嫌布亦塞克公主長得醜不肯娶，成吉思汗就把那個不知天高地厚的酋長給殺了。儘管賜婚的時候不必徵求男方意見，可是男方膽敢悔婚是一定要掉腦袋的，因為「我爸是鐵木真」。然而，儘管貴為公主，那些年華箏卻如真正的兒媳一樣照顧著李萍，婆媳關係非常融洽。

除了父親成吉思汗，書中對華箏的母親只是一筆帶過，第一次出場就是都史放豹子咬托雷那次，母親抱著四歲小華箏趕來，焦急萬分。十年後華箏再出現時，作者交代「她因父母寵愛，脾氣不免嬌縱」。這個書中沒有提到姓名的母親，在歷史上對應的人物就是成吉思汗的正室妻子孛兒帖。孛兒帖是成吉思汗的第一個女人，也是他十分敬重的女人。她不僅是成吉思汗的妻子，也是成吉思汗的半個軍師。不知是受了民族文化的影響，還是頗具男兒性格的母親沒有對小

說裡這個虛構的女兒進行過青春期的關懷與引導，以致華箏缺乏對愛情的認知，把單相思的初戀當作了一生的情感歸宿。而那個滿世界打仗的爸爸，無論怎樣地寵愛驕縱，也只不過是把女兒當做了自己的一份財產而已。

郭靖人在江湖，一去不返。草原上的華箏望眼欲穿，不見君還，於是攜鵰南下，千里尋夫。聽楊康說郭靖已死，她便要拔刀自刎，追隨而去。當她看到未婚夫正在漸漸地成長為一代大俠，滿心歡喜，卻怎奈他的心裡又有另一個她！婚期將至，郭靖忽然說：「妹子你忘了我吧，我非去找她不可。」華箏沒有吵，也沒有鬧，只說我等你，「你去找她吧，找十年，找二十年，只要我活著，我總是在這草原上等你」。郭靖後來的確回去了，可是成吉思汗為留下郭靖而逼得李萍自刎，郭靖憤怒離去，從此與華箏永別。後來華箏給郭靖寫過一封信，一封絕筆信。那是在成吉思汗統一蒙古之後旋即移師南攻的時候，華箏以白鵰向郭靖送信，信中告知蒙軍動向，說是她連累了郭母，因愧疚而西赴絕域依附長兄，終身不履故土，在表達了對郭靖的擔憂之後送上祝福：「願君善自珍重，福壽無極。」

信中所稱長兄，就是成吉思汗的大兒子術赤，其征戰範圍及封地從阿爾泰山直到額爾齊斯河以西，包括今鹹海一帶和窩瓦河下游、裏海以北廣大地區。[27] 郭靖與黃蓉完婚後十

---

[27] 參見瞿大風：《術赤生平事略考辨》。

幾年，也就是西元 1235 年，術赤的兒子拔都大舉西征。[28] 他先後征服俄羅斯、波蘭、匈牙利等國家，建立欽察汗國，不出意外的話他的姑姑華箏公主也應隨他而去了。所謂「鄉淚客中盡，孤帆天際看」，不知後來忙於襄陽防務的郭靖是否以白鵰傳書相問：華箏，你在東歐還好嗎？

---

[28] 對於拔都西征的時間，史學界略有爭議：范文瀾《中國通史簡編》記為 1235 年，柏楊《中國人史綱》記為 1236 年，[美] 傑里·本特利（Jerry Bentley）、赫伯特·齊格勒（Herbert Ziegler）《新全球史：文明的傳承與交流（1000-1800 年）》記為 1237 年。另：欽察汗國又稱金帳汗國，蒙古帝國的四大汗國之一。

你在東歐還好嗎

低下頭，看見自己

郭芙出生在一個令全天下人都羨慕的家庭。父親郭靖是無人不知的「俠之大者」；母親黃蓉更是一位巾幗英雄、天下最聰明的女人，擔任中原第一大武林門派丐幫幫主多年；師祖是北丐洪七公；外公黃藥師出身江南名門世家，學貫古今，並連續三屆獲得「全國超級武術家」稱號；外祖母擁有當時世界「最強大腦」，武林祕笈過目不忘。這樣的遺傳基因與成長環境能讓郭芙成長為怎樣的人呢？

郭芙容貌美麗，光豔照人，繼承了父親的俠氣與母親的英姿，愛國顧家，看重名節，性格剛烈，危難時刻從不退縮，從不服輸。她在最好的年華輔佐父母捍守大宋江山，立下汗馬功勞，把青春都獻給了祖國的邊防事業，強敵面前也沒有給家族丟過臉；她主動肩負保護家人的責任，不顧個人安危，為家庭付出很多，整體來說這個大女兒是擔得起老大之名的。跟普通人比，郭芙算是已經很優秀了，然而如果進一步仔細推敲，放在那樣的家庭裡，郭芙似乎沒能像人們所期望的那樣成大器。因為郭芙的身上有著很多不盡人意的缺點，這些缺點限制了她的發展，而且很多人都不喜歡她。

她有些愚笨，頭腦不靈活，常常很魯莽。想必這是郭芙遺傳了郭靖的劣勢基因，沒有遺傳到黃蓉的優勢基因。比如針傷小龍女的情節，在沒弄清楚事實之前武斷認為石棺中是

女魔頭李莫愁，莽撞地射出兩枚冰魄銀針，導致小龍女毒浸全身瀕臨死亡，進而與楊過十六年生離死別。父親郭靖是有些笨，但他絕不會不問青紅皂白就下死手。她為何如此剛愎自用呢？郭芙身為郭靖黃蓉之女，從小受盡榮耀與誇讚，書中她每每出場都有人明裡暗裡稱讚她。「她自幼處於順境，旁人瞧在她父母份上，事事趨奉容讓，因此她一向只想到自己，絕少為旁人打算。」島上來了一個對她並不言聽計從的楊過，她便指使大小武痛扁楊過。估計她在桃花島一天到晚聽的都是好話，誇來誇去她大概就真的以為自己什麼都好，遇事也不動腦筋。或許小時候的郭芙也的確像黃蓉一樣聰明過，但後來慢慢地就過滿則溢。這就是人們常說的驕傲自滿以致墮落失敗，郭芙缺乏客觀看待事物及自我審視的能力。

她有些蠻橫，我行我素，做事不計後果。與上一點不同的是，這是遺傳到了黃蓉的劣勢基因，遮掩了郭靖的優勢基因。郭靖從小就彬彬有禮，懂得謙讓和尊重他人。與之相反，黃蓉在年輕時就依仗自己是東邪之女和身懷武功不時表現出刁蠻任性來，生下女兒後她「異常憐愛，事事縱恣」。由於黃蓉的「著意護持」，「郭靖每管一回結果女兒反而更加放肆一回」。在這裡我們可以看到，二人在對郭芙的教育方面態度是不一致的，然而黃蓉身為夫妻間較強勢的一方占了上風，發揮了主導作用。黃蓉的態度是「事事縱恣」。父親管，母親護，母親強勢，父親作罷。這樣下來倒不如不管，

因為孩子覺得自己的肆意妄為獲得有力的支持和鼓勵。結果，清淨隱世的桃花島成了雞飛狗跳的「肆虐」之所，可想而知孩子被溺愛到了什麼程度。從小在這樣的驕縱下長大，難免形成蠻橫的性格，而且受不得一點委屈，更不用說挫折。所以她會在楊過的言語刺激之下大怒，甚至失手砍斷了他的手臂。在誤傷小龍女之後，她的心理活動更加暴露出驕橫的一面，不僅沒有太多自責，反而「說到後來，倒似楊龍二人不該躲在石棺之中，以致累得她嚇了一跳」。

她有些驕傲，心浮氣躁，下不得苦功夫。推測這應是源於滿門英俠給她帶來的光環效應和優越感。在父母的「縱恣」之下，在眾人的「趨奉」之下，郭芙更沒有心思吃苦。另外，在同伴中若看誰不順眼，便有大小武幫她出氣；更重要的是，父母把雙鵰、汗血寶馬和軟蝟甲三樣寶貝都傳給了她。憑她是郭靖和黃蓉的女兒就已經基本沒人敢招惹她了，更何況還有那三樣法寶。先天沒有母親那樣過人的天賦，後天又不肯像父親那樣勤學苦練，於是郭大小姐的智識和武功就相對平庸了。在這樣的環境裡，如果郭靖和黃蓉夫婦有一點教育的知識，完全可利用先天優勢和後天資源將孩子培養成才；相反，若像他們那樣驕縱，環境越好越是不利於孩子成才，甚至可能害了孩子。也是在這樣的環境裡，郭芙始終處在一種高人一等的狀態之中，自以為是，清高自負。記得武修文初遇郭芙，對她的鵰很感興趣，她「小嘴微撇，做了

個輕蔑神色」，道：「我不認得你，不跟你玩。」從小到大，郭芙都很難看得起別人。

郭芙的醒悟是在成年立業之後，在那次戰場上與楊過對視的瞬間。眼見丈夫要亡命亂軍之中，那是她最絕望的時刻。此時楊過令其在千軍萬馬的陣前下跪磕頭才肯救她丈夫，郭芙終於低下了她高貴的頭，沉下了她高傲的心。她哽咽著說，「楊大哥，我一生對不住你」，此前楊過數次救她，她何曾感激？霎時間心中「電光火石」，頓悟自己二十幾年來「要什麼便有什麼」，可是竟「一直不明白自己的心事」。當她低到最低處，她才發現真實的自己。

郭襄為何比姐姐更為出色

郭靖和黃蓉有兩個女兒，大的郭芙，小的郭襄。郭襄在「射鵰」系列故事中主要的活動年齡在十五六歲，是個非常受人喜愛的人物。其實郭襄的戲份在故事中並沒有郭芙多。《神鵰俠侶》共四十回，她是到了第三十三回才正式出場。然而，她一出場便搶走了姐姐的風頭，給人留下了深刻的印象，讓人念念不忘。究其原因，一是聰明伶俐，二是待人真誠，三是不拘流俗。也正因如此，無論是西山一窟鬼、黑衣尼聖因、百草仙、人廚子等這些帶有邪魔色彩的人物，還是魯有腳、神鵰大俠這樣的英雄俠士，郭襄都能與之打成一片，成為朋友。這種慷慨豪邁的性格和眾生平等的價值觀也為後來她遁入空門開創峨嵋埋下了伏筆。

仔細推敲，郭襄與郭芙的區別還遠不止這些。相較之下，郭芙武功平平，性格驕橫，笨拙魯莽，除了輔佐父親和丈夫之外沒什麼大成就；郭襄則乖巧可愛，通情達理，勤奮好學，開創峨嵋一派，成為一代宗師。她們的性格、修養的確有天壤之別，只舉一個例子，兩人的境界就高下立見。在風陵渡，郭襄聽說書人講述神鵰大俠的故事，便好奇是神鵰大俠的大鵰厲害還是自家的一對白鵰厲害，姐姐郭芙很不屑，說「天下有什麼鵰兒鷹兒，能比得上咱麼的雙鵰」。郭襄則道：「那也不見得。爹爹常說：學武之人須知天外有天，

人上有人，決計不可自滿。人既如此，比咱們的鵰兒更好的禽鳥，想來也是有的。」作者也在書中明確提到：「她與姐姐郭芙性格頗有差異，雖然豪爽，卻不魯莽，可比姐姐聰明得多。」

那麼問題來了，同為大俠郭靖與巾幗英雄黃蓉的女兒，同樣的家庭環境，姐妹倆為人處世的差距怎麼就那麼大呢？

首先，我們看看她二人的生活環境是否真的完全相同。同樣的父母、家庭不假，但郭芙不僅是郭黃的第一個孩子，而且她出生的時候，一家人正隱居桃花島，過著非常安逸的日子，所以郭芙從小什麼事情都非常順利，享受著眾星捧月般的待遇；郭襄出生之時，郭靖夫婦處在守衛襄陽與蒙古大軍作戰的危難時刻，「城在人在，城破人亡」的戰爭年代，郭襄所受到的關注遠沒有姐姐郭芙那麼多。此時郭芙已經十五歲左右，很多思維方式和行為習慣已經定型，而郭襄出娘胎沒幾天就被搶來搶去，險些送命。戎馬倥傯，郭襄的生活自然不像郭芙那樣的無憂無慮。另外，郭芙出生之地桃花島環境較為單一，都是自己的家人，郭芙成長時期的人生經歷也比較簡單。而郭襄「自幼和襄陽城中的豪傑為伴」，宋蒙交戰前線的生活環境也很複雜，接觸的人和事也更多，同一成長階段的經驗和閱歷也一定比郭芙豐富。這些都使得郭襄比郭芙多了人生歷練，更有可能比郭芙成熟。

其次，再來看看父母對兩人的教育是否有區別。父親還

是那個父親，母親還是那個母親，然而他們對待二女兒的態度已經完全不同於老大郭芙。因為郭黃夫婦對郭芙的教育從理論上看是非常不科學的，也確實是問題百出。待到郭芙成年，郭靖已經深刻意識到這個問題。嬰兒郭襄被搶走之後，郭靖認為軍務大事要緊，不能離開襄陽找孩子，黃蓉慍怒，從沒吵過嘴的神仙眷侶因此爭論得「面紅耳赤」，郭靖也終於說出了多年來憋在心底的不滿：「這女孩兒就算找了回來，你待她仍如對待芙兒一般，驕縱的無法無天，這樣的女兒有不如無！」黃蓉繼續為郭芙說話，郭靖大喝一聲，一拳砸在桌子上，木屑紛飛，桌子散架。從這一幕即可看出郭靖要認真面對子女教育問題的決心，他也不會再為討妻子歡心而放縱孩子了。

　　第三，還要看看兩個孩子的人格特質有多少差異。在郭芙身上，我們能看到郭靖年輕時的魯鈍、笨拙，能看到黃蓉性格中的刁蠻、任性；而在郭襄身上，我們能看到郭靖的正直、善良，也能看到黃蓉的聰明、機智。這些不能不說沒有遺傳基因的作用。科學研究顯示，生長發育期的孩子，先天遺傳的氣質類型是先天確定的，不易改變。但是，孩子的發展傾向和結果取決於後天的教育培養、環境影響和自我鍛鍊，也就是說孩子的人格特質是具有可塑性的。所以，父母要針對自己孩子的個性，透過不同的教育方法，發展其個性中的優勢部分，克服不利因素，使其身心健康的發展。郭靖

　　夫婦至少在養育郭芙的時候對這些還一無所知，任其自由生
長，才會導致後來的諸多問題；而對於郭襄的教育，郭靖已
經痛定思痛，漸漸醒悟。

楊過走過的那些彎路

楊過，字改之，取「過而能改」之意，語讖一生。楊過少年時走過很多彎路、歧路，其原因首先是缺少家庭教育。父親楊康殞命的時候，楊過還沒有出生。父親的位置在孩子心中是任何人取代不了的，母親也代替不了。同樣是沒有父親，郭靖在其人格形成過程中並沒有偏離正軌，因為郭靖有柯鎮惡、哲別這些男子的引領，還有準岳父成吉思汗這個精神上的父親，父親缺席，父愛並不缺席。

沒有父親，又沒有郭靖之幸運，厄運和打擊一波接著一波襲來。十一歲時楊過又死了母親，於是成了孤兒，這麼小的孩子沒有謀生能力，住在破窯之中，靠偷雞摸狗過日子，所以「到處遭人白眼，受人欺辱」，幼小的心靈飽受打擊。好在他被郭靖夫婦在嘉興撞見，帶回桃花島。楊過天生就比郭靖那類人聰明，而後天境遇更促使了他的早熟，使其性格中多少帶了點狡黠、油滑。於是黃蓉總是覺得他身上有楊康的影子，心生芥蒂，把他從同伴中分離出來單獨教導，「這樣一來老師的偏見就成為一個自我應驗的預言」。[29]——本來就在外面放蕩慣了，對桃花島規規矩矩的生活自然有些不適應，加上郭芙總是帶著大小武欺負他，身為「轉學生」被孤立後更為孤僻、叛逆，於是在得罪了師祖柯鎮惡後，被

---

[29] 參見加里・D. 鮑里奇：《有效教學方法》。

郭靖送上終南山。終南山上，楊過又受到心胸狹隘的趙志敬等人的報復、欺壓，最後楊過大鬧重陽宮，叛逃古墓。縱觀這段經歷，楊過自是頑劣，在流浪生活中染上了一些不良習氣，但他也的確遭遇了很多不公，這些不公愈加刺激他的叛逆，惡性循環，導致最終坐實了「離經叛道」的罪名。

　　楊過在遇見小龍女之前，沒有一個好老師能引導他，幫助他從厄運之中走出來，擺脫負能量的包圍。母親教過他一些拳腳，但穆念慈本就沒有太多見識，又早早病故了；歐陽鋒收楊過為義子，曾教了他一點武功，也很疼愛他，但歐陽鋒畢竟已經是個心智不正常的人；正直寬厚的郭靖對楊過沒有偏見，但在對楊過的教導上是心存偏見的黃蓉占了主導，沒有根據他的性格特徵教他武功，反而一味枯燥地令其讀書誦詩，使其心生叛逆；趙志敬更是先入為主，為師不尊，把這個徒弟折磨得好苦。徒弟縱然有許多不對，但老師的職責就是教他辨別是非。在黃蓉和趙志敬眼裡，楊過就是個差勁的學生，然而教育中本不應該有「壞學生」這個概念，有缺點的學生我們更要理解、尊重，給予幫助。直到小龍女出現，楊過才得到真正的溫暖，安定下來。儘管如此，小龍女身分太特殊，楊過自始至終也都沒有一個真正的師父。他在華山邂逅洪七公時，洪七公同情他的可憐遭遇，問他師父是誰，這一問觸動他的心事，猛地放聲大哭，叫道：「我沒師父，我沒師父！」

這是一個無父無母無師無友的孩子。認識小龍女之後，此前楊過缺少的愛和信任，缺少教育和引導，都找到了。對於楊過，小龍女其實是承擔了母親、老師、姐姐和愛人的多重角色，這些都是流浪兒楊過所缺失的。然而一系列角色加之於小龍女一人身上，這也導致楊過情感認知的錯亂。兩個人的愛情之所以走得十分艱難，不僅是囿於當時禮教束縛，也有兩人在主觀方面對彼此身分認同的問題。

　　遇到小龍女，楊過的坎坷之路還並沒有走完。三年之後，他走出古墓便驚起江湖陣陣波瀾。不僅長期背負師生亂倫的罪名，而且幾次欲殺害大俠郭靖。由於長期行走在善惡正邪的邊緣，所以對於善惡正邪也沒有清晰的概念。不明父親死亡真相，郭靖夫婦又遲遲不忍以實情相告，這導致楊過聽信謠言，把自己的父親想像成大英雄，並為郭靖夫婦所害，伺機報仇。因而楊過一度投靠忽必烈，與金輪國師等人成為同黨，幾乎陷郭靖於絕境，險些成為和他父親楊康一樣的罪人。好在關鍵時刻，他幡然悔悟，迷途知返，而感化楊過的，正是郭靖的磊落胸襟與俠義氣概。另外，在華山之巔他親眼目睹了一代英雄北丐洪七公與亂世梟雄西毒歐陽鋒的數日大戰，最後兩位曠世奇才、一輩子的死對頭相擁大笑，瀟灑辭世。這一幕對楊過有著十分重要的意義。這兩位與楊過都曾有些緣分和交集的師祖輩大師，聯手留給世界的最後風采，正是善惡正邪的終極之辯以及對生命意義未竟的追

問，而楊過是唯一的見證人。或許當時年紀太小還無法明白
其中真意，但這一幕必將在他今後的人生中不斷浮現，令他
思悟。

　　楊過是做過一些惡事，但他不是生來就惡，更不是惡到
無可救藥。他也行過一些善，他救過郭靖，救過黃蓉，救過
郭芙，救過郭襄，救過武氏兄弟，救過耶律齊，每一次救人
都顯露了他內心深處隱藏著的善。他在獨守寂寞那些年，江
湖上有神鵰大俠的傳說流轉。他的惡是對周圍人的冷漠與
懷疑的應激反應。他能以斷臂之痛和失妻之苦向死而生，在
黯然銷魂的悲慘之中成就武學奇蹟，卻難敵人間的冷漠與懷
疑。如果在桃花島黃蓉以慈母之心相待，如果師父趙志敬以
道家修為寬容他，如果身邊的人能像歐陽鋒那樣給他一些關
懷與信任，他就會少走許多的彎路。

最美女老師的趣味教學法

楊過在逃到古墓之前，儘管身上有些功夫，但十分粗淺。母親本來的武功水準就不高，加之早逝，所以楊過在家所學不多；義父歐陽鋒畢竟是精神分裂症患者，也不可能有系統的教育他；黃蓉對楊過心懷芥蒂，故意不授武功；全真派的師父趙志敬心胸狹隘，未盡職責；所以楊過早年的真功夫主要是投到古墓派門下之後由小龍女所授。撇開成年後兩人的感情問題，單看小龍女初期的教學情況，不失大家風範。

入門之初，脫俗出塵、飄逸如仙的小龍女對楊過就沒有偏見。楊過幼年的經歷十分淒慘，從小沒有父親，母親早逝，十歲無家可歸，受盡欺侮歧視；好不容易遇到郭伯父算是有了一個家，可是又屢遭郭芙和大小武的排擠和毆打，不斷被郭伯母誤解；無奈被郭伯父送上終南山後，更是嘗盡苦頭。儘管他本身的確頑劣，但畢竟是個孩子，可以說那些年都是在歧視、侮辱和誤解中生活的。在他自己的記憶中，踏足古墓之前，只有母親、義父和郭靖對他是好的。小龍女長在古墓，清澈單純，對落魄的楊過全無世俗偏見，表面上冷漠嚴厲，實則關心、愛護、寬容、尊重，甚至把自己的寒玉寶床讓給楊過睡。這些都讓孤苦伶仃、走投無路的楊過感到無比溫暖，發自內心願意跟這位老師學習。

　　師生關係融洽，這是展開有效教學的前提。小龍女對楊過以誠相待，善解人意，有開闊的心胸，常常設身處地為他思考，使楊過對她產生極大好感。相比之下，黃蓉在這一點上比小龍女遜色。黃蓉從一開始對楊過就沒有開誠布公，儘管多半是出於善意。在楊過迫切想學武的時候，黃蓉背著郭靖暗地裡對楊過只教詩書不授武藝，既不合因材施教之理，更有違誠信師德。全真教趙志敬更不用說，因了一點誤會懷恨在心，討厭楊過的頑劣，不教武功還令楊過與人比試，是赤裸裸的設計。楊過流落街頭那麼久難免沾染一些不良習氣，但這正是需要人悉心教導之處。這一點趙志敬尚不如歐陽鋒，歐陽鋒名聲雖然不好，但對楊過卻是真心實意，大惡人在楊過面前流露出的慈愛與溫情的一面，令人唏噓。但歐陽鋒畢竟瘋了，所以小龍女是楊過第一位稱職的師父。

　　接下來，在真正的習武階段，楊過進步很快，除了借助於寒玉床的神奇功效之外，也得益於小龍女的教導。結合古墓派武功輕靈飄逸的特點，小龍女先是捉來三隻麻雀，教楊過練習捉麻雀，三隻會捉了又增至六隻，六隻會捉了再增加，不斷增加，直到八十一隻，不知不覺便是從「柔網式」練到「夭矯空碧」，直到「天羅地網式」。楊過當時十餘歲，這個年齡層學習興趣十分關鍵，小龍女的趣味教學法值得肯定。儒聖孔子說：「知之者不如好知者，好知者不如樂知者。」大文豪托爾斯泰說：「成功的教學所需要的不是強制而

是激發學生的興趣。」心理學家皮亞傑說：「兒童的活動受興趣和需要的支配。」老頑童周伯通說：「只有武功，才越玩越有趣。」捉到第一隻麻雀後，楊過「大喜不已」，足見其興趣滿滿。捉麻雀完全是一項有趣的娛樂活動，對於楊過來說就像玩耍一樣，玩著玩著就入了門。另外，其實遊戲本身在孩子的成長中也有著非常重要的作用。孩子在遊戲中玩得開心盡興，有助於提高創造力、培育探索精神，還能幫助他們從挫折中重新振作起來。所以小龍女在教學中所展開的一系列遊戲活動顯然對楊過性格的塑造有著不可或缺的作用，後來他能夠戰勝諸多劫難、直至獨創絕世武功可以說都與此不無關係。

　　這裡還有一個教學內容、興趣引導與學生性格三者互相配合的問題。小龍女用捉麻雀的興趣引導方法適合古墓派基本功教學，同時楊過也要對捉麻雀感興趣，這樣的武功也要適合楊過。楊過十來歲流落街頭那些年，為了生存做了些偷雞摸狗的事情，對捉麻雀這類娛樂活動自然再熟悉不過，但相比之下小龍女捉麻雀的本領令他大開眼界，興趣自然濃厚。如果是駑鈍的郭靖，對捉麻雀未必感興趣，事實是，老頑童勾起郭靖學習七十二路空明拳的興趣用的是摔跤，那恰恰是在蒙古長大的郭靖的最愛。同時，「古墓派武功創自女子，師徒三代又都是女人，不免柔靈有餘，沉厚不足。但楊過沉穩不足，浮躁有餘，這武功的路子倒也合於他的本性。」

　　由是觀之，她傳授楊過古墓武功，真是巧妙至極，楊過自然成績優異、進境奇速。小龍女儘管是金庸武俠世界裡最為年輕的一位師父，當時不過是個十八歲的溫婉少女，但卻可以躋身名師榜中。

莫愁少女愁斷腸

　　神鵰俠侶的故事是以殺人狂魔李莫愁血腥而震撼的登場拉開序幕的，她曾屠殺陸家滿門，更在沅江之上連毀六十三家貨棧船行，殺盡船上之人，只因他們招牌上帶了情敵何沅君的「沅」字。一個容貌美麗人稱「仙子」的道姑，為何如此偏執狠辣，濫殺無辜？

　　與小龍女一樣，李莫愁原本也是古墓派弟子，可小龍女單純善良，超凡脫俗，同門姐妹為何差距如此之大呢？書中透過丘處機的口吻交代了李莫愁的出身。李莫愁與小龍女的師父是前輩高人林朝英的丫鬟，她素不涉足武林江湖，更不會作惡造孽。師父教了李莫愁幾年武功，瞧出她本性不善，就說她學藝已成，令她下山。李莫愁當師父在世之日，總還有幾分顧忌，待師父一死，便殺回古墓，搶奪武功祕笈，更造謠滋事，擾亂武林，引發一系列禍端。

　　由此看出，李莫愁乃古墓棄徒。她被趕下山的原因是什麼呢？是師父「瞧出她本性不善」。儘管沒有說明師父如何瞧出李莫愁是「本性不善」，但顯然那時李莫愁還並未做出太出格的事情來。至多是李莫愁身為首徒原本比小徒小龍女大了十幾歲，武功又學得好，本可傳承師道，可她「不肯立誓永居古墓以承衣缽」，師父因此對她失望。當時李莫愁多大呢？李莫愁出場時三十歲左右，小龍女十八歲，也就

是說李莫愁比小龍女年長約十二歲，小龍女是一出生便以棄嬰身分被古墓派收養，而李莫愁為師姐必然是比小龍女早入古墓派，因此師父收養小龍女的時候李莫愁已經在古墓派學習了，她被逐出師門當然是在十二歲之後。故事開始時武三娘介紹十幾年前李莫愁與陸展元相識，那麼她被逐下山也不過十幾歲而已。這樣推測李莫愁被逐出師門是十三四歲到十七八歲之間。

一個十幾歲的孩子「不肯守那終生不下山之誓」，在今天看來，這完全是符合人性的。所謂「終生不下山之」誓就是除非「有個男子心甘情願地為她而死」否則「一世居於古墓」，這本身就是個荒唐的悖論，不下山如何認識男子？更不用說「心甘情願地為她而死」。創派祖師林朝英立下此規原本就是歷經滄桑感情受挫後心靈扭曲的反應。小龍女大概天性內向文靜，或者心智晚熟，也就從未違逆師父。而李莫愁不僅不立此誓，反而偷偷溜下山玩耍，最後被師父趕出古墓。這本來不算什麼大罪，即便真有什麼錯，看出「不善」的苗頭，老師也應該及時糾正教導，使之棄惡從善，而不是直接開除。一逐了之倒是省心了，可對學生是何等不負責任？十幾歲的孩子還在成長，哪來的「本性不善」？孩子因「本性不善」被師長拋棄，終究墮入不善之流，師長還會覺得自己早有先見之明，實則孩子的不善全因被拋棄。古代老師的責任遠比今天還要重，所謂一日為師終身為父，你不教育

他反而推他出去是何道理？

　　那麼師父有沒有權力將弟子逐出師門呢？當然有，比如犯下不可饒恕的罪過，如欺師滅祖、作惡多端等，師父才會清理門戶。宋青書與陳友諒狼狽為奸，殺害七師叔，必定被武當逐出師門；岳不群將令狐沖逐出師門儘管有深層陰謀，但表面上至少有勾結魔教的實質性藉口。李莫愁只是師父看不順眼便將她開了出去，這位師父的做法著實欠妥。其實早在被逐出師門之前，李莫愁就已感覺師父「偏心」，因為「本性不善」、不能承襲衣缽，所以古墓的機關法門、玉蜂針、玉女心經等都是只傳小龍女，不傳她這個大弟子。

　　少年李莫愁所受的打擊並沒有到此為止，接下來就是她的愛情事故，是的，事故。李莫愁下山之後沒有回家，因為沒有家，她是在古墓中長大的，李莫愁後來回古墓奪《玉女心經》時看到師父的石棺還曾想起師父的教養之恩。無家可歸，於是開始了浪跡江湖的生涯，請注意，此時她不過十幾歲，一個孩子！流浪生活中遇到了一個對她好的男人，叫陸展元，兩人相戀了。遺憾的是陸展元始亂終棄，這段戀情很快結束。原本是普通的失戀，為何直接導致了變態殺人狂李莫愁的誕生？因為這件事對於李莫愁來說等於她的天第二次塌了下來。師父說「天下男子無不寡恩薄情」，在這樣的教育下，李莫愁對異性的仇視早已埋在了心靈深處。古墓生活與世隔絕，不僅沒有男子，除了師徒三人加一個老婆婆連其

他人都沒有。李莫愁顯然缺少社會常識、生活常識、青春期教育常識，有的只是變態性心理的影響。與陸展元相愛後，她一定質疑過師父的「名言」，可是很快「名言」成了讖語，實踐過後她對師父關於男人的斷言深信不疑，既然沒一個好的，那就殺一個是一個！

約六百年後，英國精神科醫生指出，李莫愁這種情況屬於「悖德精神病」（moral insanity），是一種精神錯亂，但他們的智慧很少或完全不受到損害，這種失調主要表現在情感或習慣方面，他們心靈中的道德觀念和正義原則是高度歪曲和敗壞的，自我控制能力喪失或受到嚴重障礙。這種症狀又叫「反社會型人格障礙」。

李莫愁最後在絕情谷被萬千情花刺中後，悲慘死去。回顧她的青春歲月，十三四歲到十七八歲之間，剛好是成長關鍵時期，性發育、心理叛逆都在這個時期，即所謂的青春期。李莫愁沒有家庭溫暖、未受科學教育、人格存在缺陷，偏偏在這樣的時期先後遭遇兩次人生最大的創傷，先被教養她的師父拋棄，後被愛過她的戀人拋棄。對於她來說，這就等於全世界都拋棄了她。於是，她只好絕情於這個世界。

當我談劍術時，我談些什麼

　　金庸武俠小說裡面有一種類似通關達人的厲害角色，他們有一個共同的名字叫「前輩高人」，他們人未出場，但江湖中到處都是他們的「傳說」。隨便舉幾個：全真派創派祖師、天下五絕之首的中神通王重陽及其緋聞女友，古墓派創始人林朝英、逍遙武功研發人，逍遙派創派祖師逍遙子、創「斗轉星移」的慕容龍城、創玄冥神掌的百損道人、《九陰真經》的作者黃裳、《葵花寶典》的作者前朝無名宦官等等。與只傳下武功或留下著作的這幾位高人不同的是，同樣身為未出場的前輩高人，獨孤求敗是寫了一封信給後人：

　　縱橫江湖三十餘載，殺盡仇寇奸人，敗盡英雄豪傑，天下更無抗手，無可奈何，隱居深谷，以鵰為友。嗚呼，生平求一敵手而不可得，誠寂寥難堪也。

　　嗚呼！群雄束手，長劍空利，不亦悲夫！劍魔獨孤求敗既無敵於天下，乃埋劍於斯……

　　在這篇題目應為〈當我談劍術時我談些什麼〉的文章中，孤獨前輩說：縱橫了三十多年，終於把仇人和壞人都滅了，所有高手也都被我打敗了，現在我是天下第一，沒什麼意思了，只好到山裡養鵰玩。這輩子最大的願望就是再找個對手切磋，可惜無人可匹敵，真是寂寞，寂寞難耐啊！我這劍如今用不上了，可悲！既然我已無敵於天下，這劍也沒用

119

了，乾脆埋了吧……

發現這封信的是楊過，因為他救了孤獨前輩生前小夥伴大鵰，大鵰於是邀請他到劍塚做客。為了報答救命之恩，大鵰把孤獨前輩埋的劍挖出來讓他挑一把用。孤獨前輩共埋了利劍、重劍、木劍三把劍和一塊長條石片，並一一附注說明。四把「劍」正是他個人武學劍術發展的四個階段。

第一把是利劍，長四尺，「青光閃閃」，「凌厲剛猛，無堅不摧，弱冠前以之與河朔群雄爭鋒」；第二把是紫薇軟劍，「三十歲前所用，誤傷義士不祥，悔恨無已，乃棄之深谷」，因為劍已經扔了，所以用長條石片示意；第三把是重劍，只三尺多長，卻有七八十斤，「重劍無鋒，大巧不工。四十歲前恃之橫行天下」；第四把是木劍，「四十歲後，不滯於物，草木竹石均可為劍。自此精修，漸進於無劍勝有劍之境」。

獨孤求敗沒有留下什麼武功祕笈，可以讓人照著練，假以時日便成高手，在這封信中他也沒有詳解這幾把劍的具體使用方法，他簡短的幾句話其實是在談人生，談哲學。二十歲前，是無所顧忌的衝殺階段，果敢、任性，想做什麼就做什麼，鋒芒畢露，但求摧堅；三十歲前知道了剛中要帶著柔，一味亂闖恐怕未必行得通，但畢竟還不夠成熟，做錯了一些事，傷害了一些人，那把紫薇軟劍也因為誤傷義士而棄之不用；到了三四十歲的時候，衝也衝過了，也犯過錯了，懂得了藏鋒，懂得了自然之道，在經驗不斷累積的基礎上進入漸

趨成熟的新境界；四十歲以後達到不拘外物、收放自如的高級境界，此時已經不屑於關注技藝層面的問題了，若一定要談論劍術，乃是「無劍之劍」。

楊過的人生經歷與這位獨孤前輩很相似。少年時他頑劣、叛逆，桃花島和終南山因為他而變得不平靜。他有過風光，與小龍女聯手打敗金輪國師，成為武林盟主；他也走過彎路，曾經在蒙軍帳下聽命，曾經想殺害郭靖。他發現劍塚正是在二十歲左右的時候。小龍女跳崖後，他與大鵰為伴，到東海邊隱世修練，此後在中華大地行俠仗義、扶危濟困，三十歲前已經得了「神鵰大俠」的名號。三十五六歲的時候與小龍女赴襄陽解圍，戰金輪，救郭襄，擊斃蒙哥，不久成為新五絕之一的「西狂」。後來與小龍女隱居，大概也是開始「無劍之劍」的生活了。

楊過讀了獨孤前輩的信之後，在神鵰的幫助下，不僅參悟了劍法、武功，創黯然銷魂掌，且引發了許多關於生命的思考。東海之濱，潮漲潮落，失了愛人、斷了胳膊的楊過觀天地之威，悟自然之道，六年歲月，蕩氣迴腸。「某一日風雨如晦，楊過心有所感，當下腰懸木劍，身披敝袍，一人一鵰悄然西去，自此足跡所至，踏遍了中原江南之地」。所謂「心有所感」，楊過「所感」是什麼？作者不會寫得太直白而失去唯美意境，但在後文我們很快就知道，郭襄的這位大哥哥足跡踏遍中原江南之地，留下了許多傳說。

當我談劍術時，我談些什麼

人民的好醫生張無忌

　　玄冥神掌，張無忌得的是絕症，沒人能治。可他竟奇蹟般地活了下來。這還不說，治病的同時還順帶著練成九陽神功、乾坤大挪移，光明頂獨戰六大門派，統一明教出任教主，又習得太極拳劍神奇武功，號令天下武林抗擊蒙元大軍，真可謂驚天大逆轉！這些，一位絕症患者是怎麼做到的呢？患病、求醫、學醫、從醫和病癒的過程就是張無忌從病人逐漸成長為英雄的過程。

　　張無忌出生在冰火島，不滿十歲便隨父母回到中土。回程的路上，不，是海上，便遇見了崑崙、武當兩派與天鷹教激戰，甲板上屍體橫陳、鮮血四濺，談判的船艙之中情深意重的父母暫時分立敵對兩側，崑崙派一干人等逼問義父金毛獅王謝遜的下落，在母親的教導下他開始學著撒謊。隨後，在上武當的路上更遭遇玄冥二老的擄掠而身受重傷，這個傷深深影響了張無忌的一生。母親殷素素本來覺得冰火島逍遙自在，回去便是冒奇險，但想到孩子的未來，還是決定遷居。冰火島是什麼地方？那裡是「世外仙鄉」，是一個沒有霧霾沒有汙染沒有任何社會問題的純天然世界，純粹到那裡只有父母、義父和他四個人，他們與大自然和諧共生。一個在純天然環境中長大的極度純潔的孩子，突然來到名利紛爭、紅塵擾攘甚至爾虞我詐、弱肉強食的喧囂社會，怎能不

受傷？「張無忌從這一天起，才起始踏江湖，起始明白世間人心的險惡」。

張無忌不僅受傷了，而且是重傷。他的傷病，武學泰斗師公張三丰治不了，求助集天下武功之大成的少林派未果，江湖中最神的「蝶谷醫仙」胡青牛也束手無策。正如他天性純然而不適應複雜的江湖社會，那是沒人能治的，只能是他自己學著應對這個環境。實際上，張無忌的病也的確是自己治的。胡青牛一來出於對張無忌這疑難雜症治療方法的職業性好奇心，二來谷中寂寞無以為伴，遂收留了張無忌。於是張無忌一邊幫忙胡青牛，一邊翻閱胡青牛的《帶脈論》、《子午針灸經》，及至《黃帝內經》、《華佗內照圖》、《王叔和脈經》、《孫思邈千金方》等醫學典籍。四年後，張無忌已經勝過尋常名醫，也累積了豐富的臨床經驗。又因救了胡青牛夫婦，得醫仙授之畢生精研要旨，所以走出蝴蝶谷的張無忌儘管還沒有完全病癒，武功也沒有過人之處，卻首先成了一位醫術極高的大夫。

在蝴蝶谷的兩年非常重要，張無忌本來在冰火島就習慣清靜，這蝴蝶谷剛好成了他從世外到江湖的一個過渡之所。這四年承先啟後，是後來張無忌命運發生轉折的關鍵時期。最初張無忌只是耍小孩子脾氣跟性格古怪的胡青牛較勁，在如同遊戲的較勁中對醫術產生興趣，無意間窺進醫學之門。天性淳樸善良，略通醫術之後，他想救治送他來求醫的恩人

常遇春，由此悟道漸深。歪打正著救活了常遇春後，成就感陡然而生，對醫術的興趣愈加濃厚，進而想讓癱瘓在床的師叔俞岱巖站起來。性格古怪的胡青牛最初當然也不是真的要傳藝給他，他要理不理的冷漠態度反而刺激了張無忌的求知欲，調動了少年人爭強好勝的天性，使張無忌主動鑽研解決問題的辦法，養成了自主學習的能力。胡青牛無意中使用了非常有效的教學方法，堪比名師。

說到名師，張無忌在遇到胡青牛之前的確有一位真正的名師，就是他的義父謝遜。旅居冰火島的武學大師謝遜當時在國內武功屬一流水準，然而他知道在冰火島上等待張無忌長大成人再傳武功是來不及的，自己又習慣了海外生活決定不隨三人回中原，於是利用兩年時間令張無忌悉數背下口訣心法，既不演示，也不操練。張翠山夫婦起初還不明就裡，孩子這麼小背下來也不懂，何況沒有任何模擬教學和實際演練？原來當時張無忌年齡太小，沒有武功基礎，無法習練那麼高深的武功，所以謝遜只要他用腦子記住那些招法。到後來張無忌練成九陽神功和乾坤大挪移之後，當即明白了其中道理。基礎修為達到一定程度，少時倒背如流的口訣心法自然轉化成了真實的武功。原來死記硬背說起來並非一無是處，兒童時期讀書學習記住的東西可以受益終生。就像楊過被師父趙志敬欺負，不教他練功夫只背〈全真大道歌〉，後小龍女稍加指導便練成全真派武功，也是這個道理。

走出蝴蝶谷，一番風波之後巧遇患病的白猿，張大夫施以外科手術，取出來的不是腫瘤竟是《九陽真經》。於是，張無忌開始了傷病的自我療癒，這一個療程就是五年。五年之後，不僅玄冥之毒已解，而且張大夫已經從醫學領域轉回到武學領域，練成了九陽神功。病癒後走出崑崙山谷的張無忌已經長大成人，神功在身，此時距他離開冰火島已有九年。十九歲，他已具備一身高強的武功與精湛的醫術。不久為追捕攪亂武林的圓真，與小昭被困明教光明頂密道，練成乾坤大挪移。緊接著衝上光明頂一人獨擋六大門派，化解了一場武林浩劫，名震天下。這一切看似偶然奇遇，實則藏著因果必然。張無忌若不是善良淳樸、慈悲為懷，就不會被騙而逃跑墮入深谷，就不會連一隻猴子也要手術施救，就不會得到《九陽真經》；若不是行俠仗義，就不會對圓真鍥而不捨地一追到底，就不會救了小昭一命，就不會走入明教密道，就不會邂逅乾坤大挪移神功。而沒有前面的九陽神功在身，即便得了乾坤大挪移功法也練不成。十幾年的出世生活使其性格定型，他本性純然，毫無功利心，他所做的一切都是出於本能地想要救人，他是醫治世人的大夫，他在不期然中達到了常人難以企及的高度。

張無忌的故事到這裡還遠沒有結束。任職教主之後，他挽救中原武林於水火，在武當山隨張真人習得太極稀世武功，獲得《九陰真經》、《武穆遺書》，傳播明教聖火令，匡

扶正義、拯救世人，為朱元璋義軍推翻元朝腐朽統治、統一中國做出重大貢獻。然而，按著張無忌的本性，他是不喜歡那個江湖社會的，最終歸隱。筆者揣度張無忌後來很可能在某僻壤仙鄉隱姓埋名重拾老本行 —— 開診所為人治病。無論學醫學武，張無忌都得益於自己宅心仁厚的品格，做人第一、做事第二；無論入世出世，張無忌都可以在更廣闊的天地裡去選擇他自己的人生，這是能力。

「俠二代」的悲劇蛻變

在金庸的武俠小說《倚天屠龍記》中，有一位出身名門正派的小丑型人物，不是別人，正是當時武林泰斗張三丰的徒孫，武當七俠之首宋遠橋的兒子宋青書。在第十八章〈倚天長劍飛寒鋩〉宋青書出場時的情狀是這樣的：「眾人適才見他力鬥殷氏三兄弟，法度嚴謹，招數精奇，確是名門子弟的風範，而在三名高手圍攻之下，顯然已大落下風，但仍是鎮靜拒敵，絲毫不見慌亂，尤其不易，此時走到臨近一看，眾人心中不禁暗暗喝彩：『好一個美少年！』但見他眉目清秀，俊美之中帶著三分軒昂氣度，令人一見之下，自然心折。」

從峨嵋派靜玄口中我們可以得知，宋青書「俠名玉面孟嘗，江湖上都說宋少俠慷慨仗義，濟人解困」。可見宋青書原本是英俊瀟灑、氣宇軒昂、武功高強、俠名遠播的美少年。如此家學純正、資質不凡的武當派第三代掌門候選人，應當前途光明、大展宏圖，怎會淪為喪家犬一般先投丐幫後投峨嵋、欺師滅祖身敗名裂以致要被清理門戶的跳梁小丑呢？他因痴情於峨嵋派弟子周芷若，被丐幫長老陳友諒設計利用，偷窺周芷若被七師叔莫聲谷撞見後誤殺莫聲谷，又在陳友諒唆使脅迫下，企圖毒害張三丰及武當四俠，被識破後投靠已是峨嵋派掌門人的周芷若，又被周芷若以成婚為條件利用，習得九陰白骨爪，在屠獅大會連殺丐幫兩位英雄後被

129

二師叔俞蓮舟重創，最終被帶回武當山時看見父親和太師父，情緒激動扯破傷口氣絕身亡。

從情節發展看，導致宋青書身敗名裂的是他自己迷戀美色，被人利用；但這其實僅僅是表面原因，他的人生悲劇還有更深層次的內因。

我們先要來看看宋青書的同輩，也就是武當七俠的子嗣情況。二俠俞蓮舟「潛心武學，無妻無子」。三俠俞岱巖英年遇害二十年癱瘓在床，未婚娶。四俠張松溪在書中也未提到有婚娶子嗣。五俠張翠山與殷素素生子張無忌。六俠殷梨亭人到中年才與楊不悔結婚，而楊不悔在全書故事快結束時才有身孕。七俠莫聲谷臨終時不過三十幾歲，也未婚娶。如此看來，宋青書的平輩人、武當七俠的後代只有他和張無忌兩個。然而，在宋青書的成長歲月裡，張無忌又不在武當山，甚至在張翠山一家重返中土之前武當根本不知道世界上還有張無忌這個人。眾所周知，武當七俠情同手足，因此可以想見除了缺席的五俠張翠山，其他武當六俠該是如何喜歡他們眼前唯一的晚輩宋青書。加上張三丰和藹可親，較少約束，整個武當上下必然都對宋青書寵愛有加。書中宋青書出場時，殷梨亭向滅絕師太等人引薦時說道：「這是我大師哥的獨生愛子，叫做青書。」，「獨生愛子」四個字已將疼愛之情溢於言表。有情節中更表明張三丰和宋遠橋有意讓宋青書為武當派第三代掌門。

如此說來，宋青書自幼受到嬌慣尊崇是難免的。在這樣的情境下，從宋青書的角度看張無忌的出現，簡直是致命一擊。其一，同是武當第三代，張無忌武功了得，無論張無忌是否有意，宋青書必定認為張無忌對自己未來掌門的地位構成威脅；其二，張三丰對張無忌的疼愛顯然高於自己，一開始就傳授了獨門祕技太極拳和太極劍，更不用說張三丰對張無忌事事稱讚肯定；其三，這個從天而降的小子不僅對自己掌門位置構成威脅，竟然還是自己的情敵，周芷若明顯因為張無忌的出現冷落了他。綜上，張無忌威脅了自己的掌門之位、分享了自己獨享的寵愛、奪走了自己心愛的女人，簡直士可忍孰不可忍！於是，正當鬱悶無措的他在陳友諒的唆使利誘下，一錯再錯，走上了不歸路。

　　回過頭來反思，宋青書的悲劇絕不僅僅是他個人的錯，說他因迷戀峨嵋派周芷若而誤入歧途，也有失公允，至少他對周芷若的愛基本算是真摯的。對於他的悲劇，其培養人武當六俠特別是親生父親宋遠橋有著不可推卸的責任，而宋青書的母親，在書中是缺席的。沒有母親的悉心關懷，父親只傳授武功，其他人給予宋青書的只有溺愛。在他成長的關鍵時期，沒有獲得品德教育。沒有人告訴他如何客觀看待事業、愛情和人生，如何對待理想和現實的矛盾，造成了他性格上的重大缺陷，任性、自負，缺乏心理承受能力，沒有道義底線。想要的東西勢必得到，得不到他便不擇手段，走向毀滅。

「俠二代」的悲劇蛻變

七年之殤

　　《倚天屠龍記》裡面有兩個陰謀家，一個是成崑，一個是周芷若。與成崑不同的是，周芷若原本是個善良純真的小姑娘，小時候與張無忌還有漢水舟中餵食之緣，小小年紀知書達理、溫柔體貼，張三丰都煞是喜歡，怎麼長大之後成了多行不義的邪惡美少婦？十歲之前她的成長環境是什麼樣的？被張三丰帶走之後那些年，到底發生了什麼？

　　張三丰當年在漢水之畔攜了家破人亡的孤女周芷若與常遇春、張無忌道別，念是女孩便送往峨嵋，投在滅絕師太門下。滅絕掌門大概是看在張三丰面子上才收其為徒，親自指導。周芷若當時十歲左右，大約比張無忌小了兩歲。後來六大派被困萬安寺寶塔，滅絕師太不願接受明教張無忌的援救，墜塔身亡。漢水分別之後張無忌在蝴蝶谷生活兩年，在崑崙山雪谷閒居五年，走出雪谷涉足武林並援救六大派時張無忌十九歲，那麼此時周芷若大概是十七歲。也就是說，周芷若十歲前與船夫父親相依為命，無母，十歲父亡，成為孤兒。十歲之後到十七歲的七年左右時間裡身在峨嵋派。那我們以十歲為界，看看她前後兩個階段的生活和教育環境。

　　周芷若十歲之前隨父親在漢水擺渡，住在舟中。車站碼頭這樣的地方大抵是南來北往三教九流，如此生活難免讓她較早接觸了社會，她要學著掌握一些生存技巧，比如乖巧、

偽裝，所以周芷若早熟。早熟自立當然好，但這種早熟也會帶來不利的一面，就是容易性格世故、城府過深，這也是後來在滅絕的逼迫下周芷若輕易就範的原因之一，甚至她所做的比之滅絕師太的設計還要有過之而無不及。長大後周芷若與張無忌重逢不久，同是很小就出來「混」的殷離就發現了周芷若的「厲害」——「不是說她武功，是說她小小年紀，心計卻如此厲害。」

　　十歲之後入峨嵋，十七歲時滅絕師太殞命，周芷若隨後設計導演了一齣齣大戲。那麼這七八年成了破解周芷若步入人生歧路之謎的關鍵。很顯然這期間她是隨滅絕師太生活的。至於她是如何教導少年周芷若的，書中未有詳述，但我們可以從她日常對待幾個徒弟的言行點滴推斷一二。滅絕師太對周芷若有教養之恩當然是事實，但她對周芷若的負面影響差一點毀了這個孩子。滅絕師太性情剛烈，嫉惡如仇，但卻專橫霸道，心狠手辣，她甚至可以為了達到自己的目的不擇手段，善良的紀曉芙因不肯受她唆使而被她殘忍殺害，甚至還要斬草除根殺掉紀曉芙的孩子。於是，周芷若與張無忌的感情因素成了滅絕師太想要利用周芷若的絕佳籌碼。

　　對少年才俊張無忌動了愛慕之心，這本來是人之常情，但周芷若對此問題茫然無措，她甚至認為這是不健康的。她曾經不停地警惕自己：「幹嘛不專心打坐修習？怎地忘了恩師的教誨，分心去想這不相干的少年？」出於少女對愛情的

無知以及對明教的誤會，周芷若對張無忌的感情矛盾叢生，還有些許罪惡感。此時如果有人給予適時引導，無論這段感情是否可能，周芷若都一定會走出青春的沼澤。不巧，這時出現的人是滅絕師太。到了滅絕師太這裡，這份美好純潔的感情變得醜陋不堪，她把張無忌形容得如同魔鬼，他的感情自然就是邪惡的圈套。加上發毒誓、下跪、慷慨悲壯地縱論興旺門楣光復大業，這一套流程下來已令少女周芷若是非難辨、意亂神迷。當然，最令周芷若受寵若驚的是當即得了滅絕師太的衣缽，年紀輕輕成了峨嵋一派掌門人。來得實在是太突然，因為她並非滅絕師太諸弟子中之佼佼者。周芷若那麼想得到神功、地位，還緣於她成為孤兒寄人籬下之後安全感的缺失。一個從小苦命的孤兒突然受到如此禮遇和重用，周芷若終於沖昏了頭腦。使人墮落、走向歧途的誘惑，有時不是來自黑暗深處，而是來自光明的殿堂。

周芷若本就早熟，過早接觸了世故人情、社會百態，倘若後來幸遇優秀老師，周芷若的早熟無疑會發展為自立自強、年輕有為。可惜，十歲後她開始跟隨滅絕師太，這樣的引領者必然影響到她的品格，何況還有七年的言傳身教。十歲到十七歲，正是周芷若的青春期。此時周芷若的情感重心由原來對親人的摯愛之情，轉移到了對老師、偶像、英雄和領袖人物崇敬和追隨。對於周芷若來說，這個老師、偶像、英雄和領袖人物就是滅絕師太。在滅絕師太急功近利品性的

影響下，周芷若幼時的乖巧轉化為乖張、狡詐，周芷若幼時的偽裝轉化為虛偽、偽善，於是她誤入歧途，越陷越深。一朵美麗迷人的小花，在那七年間走向了傷逝。一條不歸之路，直到瀕臨絕境，她才恍然醒悟，或可重生。

都是應試教育惹的禍

滅絕師太，峨嵋派第三代掌門，出場時四十四五歲，容貌甚美，武功一流，性情剛烈，嫉惡如仇。她在萬安寺寶塔殞命前曾對周芷若暗授機宜，令其以美色誘騙張無忌獲取倚天劍和屠龍刀，並逼迫周芷若立下毒誓：

「小女子周芷若對天盟誓，日後我若對魔教教主張無忌心存愛慕，倘若和他結成夫婦，我親生父母死在地下，屍骨不得安穩；我師父滅絕師太必成厲鬼，令我一生日夜不安；我若和他生下兒女，男子代代為奴，女子世世為娼。」

嗚呼，天下恐怕沒有比這更惡毒的毒誓了，聽著都令人膽寒。一代峨嵋掌門、德高望重的武學大師竟然如此歇斯底里甚至喪心病狂，簡直令人不敢相信。更驚人的是，她要周芷若拿到倚天劍和屠龍刀之後，取出《九陰真經》，其中功夫要立等速成，藉以蓋過少林、武當，稱霸武林。她還有一個冠冕堂皇的理由，就是「逐走韃子，光復漢家山河」，倚天劍和屠龍刀若在「魔教」必然「荼毒蒼生」。發毒誓還不放心，她甚至還向自己的徒弟下跪。

這套苦情戲，滅絕師太早在另一位弟子紀曉芙身上演練過一次，結果紀曉芙寧死不從，滅絕一怒之下為了「維護本派尊嚴」，一掌了斷其性命。為了所謂的大業不擇手段，這又與真正的魔教何異？顯然，故事裡的所謂魔教並不魔，魔

137

的是正義凜然的滅絕師太，她已經偏執成魔。這絕非臨死前
的一時起意，而是「生平大願望」。滅絕師太行事極端，這
從她自創的滅絕劍法上即可展現，劍下從來不留活口。她的
峨嵋掌法也是以一招「佛光普照」獨步天下，「一掌既出，
敵人擋無可擋，避無可避」。在與明教銳金旗的遭遇戰中，
對已經失去抵抗能力的對手，她竟一條條砍下對方的胳膊。
身為一代武林前輩，當時天下數得上的武學大師，且是個出
家人，不僅沒有慈悲為懷的肚量，反而以沒有人在其劍下活
命為榮耀，真是盛名之下其實難副。要知道，少林渡厄禪師
對於謝遜那樣殺人無數的悔悟者都說「放下屠刀，立地成
佛」，並稱「我佛門戶廣大，世間無不可度之人」。在這一點
上看，滅絕枉為峨嵋掌門。在極度功利主義之下，本領越大
越可怕，因為那可以直接導致愚昧妄為。

　　無論是按照資歷還是武功能力，周芷若在滅絕眾弟子中
都不是最突出的。滅絕師太臨終授命，將掌門之位傳給她，
無非是要令周芷若「以美色相誘而取得寶刀寶劍」，因為她
知道張無忌對周芷若有感情，至於所說周芷若武功可憑聰明
才智和天生穎悟達到不可限量的境界則在其次，那境界多半
要仰仗寶刀寶劍中所藏《九陰真經》的祕密。峨嵋派對未出
家的弟子沒有規定不准談戀愛，如果出於特殊原因諸如戀愛
對象品格可疑而反對，師父也應當積極引導，而不是簡單粗
暴加以制止，更不該像滅絕師太對待紀曉芙那樣殘忍打死。

對於周芷若，滅絕老師不僅沒有盡到職責，更令其利用這種純潔美好的感情達到不可告人的目的，這是為師之恥、教育之恥。

滅絕老師儘管也屬武術大家，她主掌的峨嵋派在江湖上舉足輕重，可惜她是應試教育的急先鋒，只重學生考試分數，不顧學生品格教育。她心高氣傲，暴戾跋扈，為了提高成績不擇手段，教唆學生作弊。不服從她的學生紀曉芙被直接除名，以免影響師門聲譽；聽從她的學生周芷若則劣跡暴露，身敗名裂。她為了峨嵋派的「大業」慷慨赴死，精神可嘉，勇氣可敬，但其教育理念無疑應受到批評。好在她死後年輕的峨嵋掌門周芷若在眾人幫助之下，終究是苦海無邊回頭是岸了。

都是應試教育惹的禍

張三丰的兩次教學示範

　　一代宗師張三丰不僅由少林一派融合道家源流創立武當，更以殘篇《九陽真經》為藍本融合生平所見研發武當九陽神功，百歲之際更是悟出太極絕學，是當之無愧的大宗師。這樣一位罕見奇才是如何將他平生所學傳之後世的呢？《倚天屠龍記》中有兩次具體描寫他傳授武功的情節，我們可以借此一睹這位名師風采。

　　第一次授課是他在第四回〈字作喪亂意彷徨〉中教張翠山的二十四字書法武功。當時三俠俞岱巖被害重傷，張翠山因悲慟而長夜難眠，在大廳無意間撞見師父張三丰正徒手空臨王羲之〈喪亂帖〉以及倚天屠龍「二十四字訣」。張翠山算是偷窺，而張三丰其實早已知道愛徒在側，有意反覆演示給他看。待到被師父點名出來，張翠山表示要叫各位師兄弟前來觀摩學習，張三丰則興致已盡，拂袖而去。巧的是，這位張五俠恰好綽號「鐵畫銀鉤」，這套功夫簡直是為他量身打造的。張翠山於是連夜揣摩練習，直到小有所悟才知日已過午。第二次授課是在第二十四回〈太極初傳柔克剛〉中，張三丰傳授張無忌太極武功。此次也是事出偶然，在武當突然面臨滅頂之災時，張無忌挺身而出，張三丰臨陣傳授其太極拳與太極劍功夫。張三丰在教張無忌太極劍的時候，是當著在場所有人的面，慢慢演示了兩次。他不僅不怕敵方看破

招式，而且當張無忌看完說已忘記時，張三丰竟非常滿意。因為，他並不在意劍招的教授，而是令張無忌擺脫招式的約束，領會太極以靜禦動、以柔克剛、以無招勝有招之意蘊。結果，張無忌力挫強敵。

兩次授課，前者是無意間創立一套武功趁熱傳給了徒弟，後者是一套沒有固定招式的武功傳給一個沒有固定門派的徒孫。兩次授課都不是刻意安排的，並沒有周密的教學計畫，只是在合適的時間遇上了合適的學生。這「三丰教學法」一切盡在自然，實在是妙！武術也是道，真正的頂級武術大師一定也是哲學大師，他們向學生傳藝不僅要看學生的資質和悟性，還要找感覺、找機緣。所謂感覺和機緣就是什麼時候教、怎麼教才能令學生更多更好地領悟要旨。表面上看只是簡單的兩次教學示範，其實後面有許多促成這兩次成功教學的因素。張三丰順其自然的教學方法根本上源自他本人的真性情，沒有太多人情世故，一切率性而為。比如，得知弟子張翠山的妻子是所謂名門正派不屑一顧的「魔教妖女」，他說：「那有什麼干係？只要媳婦人品不錯，也就是了，便算她人品不好，到的咱們山上，難道不能潛移默化於她麼？」他甚至為了醫治徒孫張無忌，不惜屈一派宗師之尊回到自己少年時叛出的少林寺求助。張三丰的自然教學法恰恰也跟他的那段經歷有關，違反少林戒律偷練武功，隨師父覺遠出逃少林之後另立武當。他本來就對武功門派、條框規

制等不太看重，甚至連道門戒律也可以不管。張三丰自云「不參禪，不禮拜，不打坐，不受戒」，這位邋遢道人還曾在酒後不無得意地偷笑道：「我在斜陽村外過，何人知我醉婆娑！」如此的真性情，使他的教學思維少了很多局限和束縛。

身為名師，張三丰除了有真性情，還有真本事，我們以第一次教學為例來說明。那天，被人殘害的愛徒俞岱巖被抬上山來，張三丰夜不能寐，情不自禁以手指空臨〈喪亂帖〉，來抒發悱鬱悲憤之氣，進而演化出「二十四字訣」的武功。這套武功的誕生有兩個要素，一是張三丰學識淵博，「文武兼資，吟詩寫字，弟子們司空見慣」，所以在那一刻能與王羲之〈喪亂帖〉中的「喪亂」＝「荼毒」、「追惟酷甚」形成心靈默契；二是張三丰武學修為高深，已經可以對所學本領融會貫通，能夠生發新的靈感。所以淵博與精深是成為一代大師的必要條件，也是能夠有效展開教學、帶出好學生的前提。

從學生的角度來說，能學到高級本領也是有條件的。張三丰有七個徒弟，能領悟「二十四字訣」武功的是五俠張翠山，也只能是五俠張翠山；而能臨危受命在第一時間掌握太極功夫，在整個武當山也只有張無忌。前者，是因為張翠山與師父一樣喜愛書法，其看家本領就是「鐵畫銀鉤」，加之「近年來他武學大進」。那一晚，武功與書法，古人與今人，師父與徒弟，長期累積與因緣際會，實現了一次完美的融

合。後者，首先當然是此時的張無忌已經有九陽神功、乾坤大挪移等高級功夫做基礎，但張無忌學成太極非常重要的條件是性格和武功的無所拘束。張無忌自幼流浪江湖，歷盡磨難，形成任性自然的不羈性格，同時「武學所知已深，關鍵處一點便透」，而又無武功門派的條框限制，這些都暗合張三丰太極功法的武功旨趣。[30] 如果張無忌是在武當山長大，在眾星捧月的受寵環境裡很可能就是第二個宋青書，與太極武功恐怕就無緣了，更不用說成為一代大俠。

　　武功可以在練武場上教，也可以在大廳裡教；可以面對面指導，也可以背過身去示範；關起門來講道理是教育，帶孩子逛市場、看風景也可以是教育。如是而已。

---

[30] 張三丰曾言：「故傳我太極拳法，即須先明太極妙道。若不明此，非吾徒也。」。

從浪子到慈父

　　楊逍儘管不是《倚天屠龍記》的主角，但卻給讀者留下了深刻印象。他孤傲清高、亦正亦邪，頗有黃藥師風範，是金庸小說裡為數不多可稱風流瀟灑的人物之一。就因為性格中有邪的一面，所以年輕時他儼然一介浪子，然而這個浪子後來卻改邪歸正，以慈父尊長的姿態養育楊不悔、輔佐張無忌，建立功業。楊逍從浪子到慈父的轉變，耐人尋味。

　　楊逍本是明教的光明左使，這光明左使的頭銜名副其實，因為他不到二十歲便已名動江湖。楊逍少年成名應該源於一次比武事件，是與滅絕師太的師兄孤鴻子比武。孤鴻子借了滅絕的倚天劍與楊逍約架，沒想到技不如人，倚天劍尚未出鞘便被楊逍奪去。更沒想到心高氣傲的楊逍說了句什麼廢銅爛鐵，將倚天劍拋落於地，揚長而去。孤鴻子當時在江湖上已是成名人物，如此被魔教少年羞辱，一氣之下便臥床不起，撒手人寰，還弄丟了倚天劍。三十多年後張無忌在崑崙山三聖坳巧遇楊逍，只見他「英俊瀟灑，年紀雖然稍大，但仍不失為一個風度翩翩的美男子，比之稚氣猶存的殷梨亭六叔，只怕當真更易令女子傾倒」。年近五旬還如此風度，可想而知年輕時會何等英俊。楊逍還是文武全才，著有《明教流傳中土記》，小楷抄錄，旁徵博引，張無忌看後稱其為明教棟梁。

　　武功高、長得帥、有才華，青少年楊逍自是恃才傲物、狂放不羈，於是像許多浪子一樣，年少輕狂地做了一些錯事。其中，最不光彩的一件事就是強迫了紀曉芙。

　　四十歲左右的時候，楊逍逼迫峨嵋女俠紀曉芙委身於己。兩人同居數月之後，紀曉芙趁楊逍應敵之機逃走，但已身懷有孕。其實這段往事是紀曉芙說給滅絕師太聽的，所以我懷疑她不自覺隱瞞了自己的一些內心活動。因為即便從紀曉芙所描述的楊逍追求自己的過程看，他也並非粗暴野蠻之徒。楊逍也許是使用了一些強迫伎倆，但紀曉芙很可能也在這個過程中對他心生了好感，是否提及自己已經訂婚也未可知。無論怎樣，紀曉芙終究是愛上了楊逍，不願聽從師父意願去害楊逍，所以被滅絕掌斃。而楊逍其實也深深愛上了紀曉芙，十年之後張無忌告訴他紀曉芙已經命殞，他竟在與崑崙掌門何太沖夫婦博鬥的生死關頭暈了過去，張無忌的胳膊也被他捏斷了。這不是愛又是什麼呢？

　　楊逍後來對自己搶奪了武當殷梨亭的未婚妻是有愧疚的。張無忌提到殷六叔時，「楊逍和他目光一接，心中更是慚愧」。被張無忌留在武當做參謀期間，楊逍更是自覺無言面對武當眾人，終日閉門讀書。其實，殷梨亭喜歡紀曉芙是真，但書中並不見殷梨亭與紀曉芙的戀愛情節，不排除那是一椿洛陽紀家與武當派媒妁之言的婚姻。筆者無意為楊逍翻案，但事實是楊逍與紀曉芙雙雙墜入愛河。紀曉芙至死不

悔，因此為兩人的女兒取名為楊不悔；而浪子楊逍經過這一次刻骨銘心的生死相戀之後，徹底走上了人生的正途，此後再無劣跡。女兒的出現讓他更加成熟，他對楊不悔傾心養育，慈愛有加。當楊不悔要嫁給長她一輩的殷梨亭的時候，生性豁達的他在有些糾結之後也並沒有反對。這不僅是因為他對殷六俠心懷歉疚，更是對女兒所做勇敢選擇的支持與尊重。儘管始終書生打扮，但他從來就不是一個囿於禮法、墨守成規的保守主義者。

在整個故事的後半部分，楊逍基本是教主張無忌最為得力的臂膀，張無忌遇有難事都是先和他商量。獻計萬安寺、拯救六大派，少室山布陣五行旗、大戰少林三僧，乃至對抗元兵、中興明教，楊左使都功不可沒。當年戲拋倚天劍的年少輕狂早已沒了蹤跡，我們能夠看到一個曾經的浪子，在經過歲月洗禮之後的自我救贖。沒做成合格的丈夫，楊逍卻在努力成為女兒心中優秀的父親。

從浪子到慈父

少林寺最優秀圖書管理員

筆者在上大學時曾經有一個理想，就是將來能當一名圖書管理員。當時高校圖書館的管理員並也不需要碩士、博士等高級學位。儘管薪水可能不是很高，旁人看起來也蠻枯燥，但能整天讀書、擺弄書，也令人心滿意足。

後來我發現，圖書管理員其實是一個藏龍臥虎的職業。在這個崗位上工作，要麼終老一生默默無聞，要麼走出書堆一鳴驚人，從這個崗位走出去的狠角色都是多少年才出一個的高人。隨便舉幾個例子：一九二〇年代，僅有小學文化的沈從文是圖書管理員，後來他成了著名作家、文史學家……更厲害的是老子，在周朝就是國家圖書館管理員。金庸武俠世界裡，也有一個最厲害的圖書管理員 —— 覺遠。

覺遠和尚是少林寺藏經閣的圖書管理員，愛崗敬業，不慕名利，一做就是三十年，三十年未出山門一步。可是，即便他工作如此認真負責，在他五十歲左右的時候，藏經閣還是丟了一套書。儘管對於少林寺這算是一起事故，但因為這起事故，武林中卻多出兩位繼往開來、光耀後世的大宗師，我們也從中看到了隱世大師覺遠和尚的至高境界。

那日覺遠正在藏經閣讀書，忽聽山後傳來打鬥聲和呼救聲，其實是瀟湘子和尹克西在設計引誘覺遠。善良淳樸的覺

遠果然上當，救下兩人，扶進藏經閣養傷。兩人說病床無聊，便借閱經書來讀。忽然有一天，兩人趁覺遠坐禪入定之機，搶走了覺遠弟子張君寶正在誦讀的四卷本《楞伽經》。《楞伽經》是如來佛在楞伽島上說法的要旨，明心見性，宣說大乘佛法，藏經閣的版本系依據達摩祖師東渡時所攜貝葉經原文抄錄，一字不改，甚為珍貴。然而，最重要的還不是版本很珍貴，而是這部《楞伽經》的夾縫之中，另有昔年一位高人書寫的一部經書，稱為《九陽真經》。覺遠當然要追討，於是三十年來第一次踏出少林寺山門，帶著弟子張君寶從河南嵩山一直追到陝西華山的玉女峰一座高崗上，遇到剛剛結束華山論劍正在遊覽華山風光的楊過、小龍女、郭襄、黃藥師、一燈、周伯通、郭靖、黃蓉等人。

眾人一聽都已明白，那覺遠所稱的《九陽真經》便是一部載有絕世武功的武學奇書。可是覺遠卻竟自不知，他說：

「小僧職司監管藏經閣，閣中經書自每部都要看上一看。凡佛經中所記，盡是先覺的至理名言，小僧無不深信，這部《九陽真經》是一位前輩高人所撰，經中記著許多強身健體、易筋洗髓的法門，小僧便一一照做，數十年來，勤習不懈，倒也百病不生，近幾年來又揀著容易的教了一些給君寶。《九陽真經》不過教人保養有色有相之身，這臭皮囊原來也沒什麼要緊，經書中所述雖然高深奧妙，終究是皮相小道之學，失去倒也罷了。但這抄本所據的《楞伽經》，原是祖

師親從天竺攜來，飲水思源，十分珍重。兩位居士又不懂天竺文字，借去也無用處，不如賜還給小僧了吧。」

這段話道出了覺遠兩個可貴的精神：一是身為圖書管理員高度負責的職業精神，他認為既然做了這份工作就要把館內每一本書都要讀遍，這樣才能管理好這些典籍，而若有人「不告而借」則一定討還回來，必要時可追到天涯海角；二是覺遠有一份寧靜淡泊的情懷，在江湖擾攘、名利紛爭的時代，他守著天下武學正宗的學術資源庫卻甘願閉門讀書、養心修身，對於武學一門毫不留意。楊過等人以為覺遠迂腐，但此時站在覺遠面前的這些當世絕頂高手、大俠，相形之下實則矮了一截。令覺遠終生遺憾的是，那部《九陽真經》沒有找回來，因為狡猾的瀟湘子和尹克西已經在逃跑期間將經書藏在了一隻蒼猿的肚皮中（後來為張無忌所得）。身為一位非常看重職業操守的圖書管理員，這件事無疑會成為他的一個心病，不時隱隱作痛。

數年之後，何足道受人之托結伴郭襄上少林寺傳話，因為誤會動起手來，張君寶將何足道打敗暴露了武功，而他的師父覺只是一位普通和尚，無師偷藝更是少林大戒。覺遠為了保護弟子張君寶和郭襄不被少林傷害，用提水的大桶挑著兩人逃命，最後筋疲力竭而死。少林寺最優秀的圖書管理員覺遠在彌留之際依然對《九陽真經》念念不忘，竟至口中背著經文西去。張君寶、郭襄和追趕而來的無色禪師有幸聽到

了覺遠大師的真言，但三人所記又各有不同和缺失，從此便有了少林九陽功、武當九陽功和峨嵋九陽功。張君寶就是後來在武當開山立派的張三丰真人，一代女俠郭襄則於四十歲那年忽然大徹大悟，出家為尼，後來開創了峨嵋一派。

最後我想說的是，其實金庸先生也做過圖書管理員，一九四〇年代在國立中央圖書館。[31]

---

[31] 參見傅國湧：《金庸傳》（修訂版）。

痛苦穿掘靈魂的甦生之路

縱觀令狐沖的人生，不難發現他曾經歷一次重大轉折。這次轉折意義重大，轉得好便是一代英俠，為捍衛武林榮譽和人間正義做出卓越貢獻；轉不好，便是紅塵浪子，說不定留下多少為人不齒的劣跡。因為這次轉折，令狐沖才成為獨一無二的令狐沖。這次轉折就發生在他被華山劍宗高手重傷前後。

我們先看看令狐沖重傷時的年齡及此前人生經歷。在《笑傲江湖》第十七回，令狐沖對黃伯流說：「在下六歲那一年，就跟你賭過骰子，喝過老酒，你怎地忘了？到今日可不是整整二十年的交情？」此時令狐沖受傷不久，二十六歲，前面在思過崖面壁一年，那麼上思過崖時是二十五歲。再往前，第五回令狐沖說：「我是個無父無母的孤兒，十五年前蒙恩師和師母收錄門下……」那麼就是說，令狐沖十歲之前是孤兒，被華山派掌門岳不群收為弟子，十六年後重傷，同年被岳不群逐出師門。

投師華山到重傷之前，令狐沖身為大師兄並非眾人眼中華山派的優秀學生、模範青年。他很有主見但倔強任性，他說「我不願做的事，別說是你，便是師父、師娘、五嶽盟主、皇帝老子，誰也無法勉強。總之是不去，一萬個不去，十萬個不去」；他聰明智慧又莽撞冒失，他救了尼姑儀琳可是卻在酒樓與田伯光纏鬥、喝酒，挑釁青城派弟子鬧出人命；

153

他酗酒賭博，他說「人生在世，會當暢情適意，連酒也不能喝，女人不能想，人家欺到頭上不能還手，還做什麼人？不如及早死了，來得爽快」，在洛陽還因為賭錢輸了跟人打架，醉酒失態的情節就更多了。如果放在現代，令狐沖小時候一定是那個上課睡覺、下課打鬧、午休把女同學惹哭的調皮搗蛋的傢伙，鬼點子雖多就是沒有用在學業上。然而，同時他又非常聰明、非常勇敢，讓老師和家長無語的是放學路上見義勇為抓小偷的也是他。

令狐沖的作風，很有可能與十歲之前缺少家庭關愛與教導有關，而十歲之後儘管有師父師母照顧養育，但多半不得法。師父岳不群「課徒極嚴」，從日常管理到具體練武的一招一式都不能有絲毫的馬虎，令狐沖對他頗為畏懼。他「向來天不怕地不怕，便只怕師父，一聽到師父和木高峰說話，便想自己這番胡鬧到了家，不知師父會如何責罰」。十歲以後令狐沖就是在這種「怕」中成長的，而令其「怕」不是教育孩子的科學方法。與師父的嚴厲相對應的是，令狐沖個性極強，儘管他爭強好勝練得也算刻苦，但他本性中充滿自由主義色彩，一絲不苟地刻板練習與他的性格氣質是矛盾的。不僅練不出大進境，而且這樣的孩子不太可能發自內心屈服於嚴規酷罰，相反會產生強烈反彈。當他無力反抗的時候，他只有規規矩矩地聽從，可一旦有了能力或條件允許，就一定做出更加出格的事情了。越嚴厲的師長越容易教育出叛逆

的孩子，這就是問題少年令狐沖的教育問題所在。

令狐沖身上儘管有著各種問題和缺點，但在根本上品格是好的。然而，令狐沖的自由主義性格顯然與五嶽劍派的道德體系與行為準則不相適應，而當時自己身為一個集體裡的異類他當然覺得自己是錯的，不僅是言行失當，而且是整個個體存在的悖論。他聰明能幹，坦坦蕩蕩，卻無法成為三好學生、模範青年，他十分痛苦，他自己也不明白這到底是為什麼。如果沒有跳出禁錮苑圍的有效引導，令狐沖要麼叛逆到底滑向反面的極端，要麼屈從於體制禁錮埋沒其天賦異稟。剛好這時，一代隱世大師風清揚出現了。

思過崖歲月是令狐沖重生的開始，他不僅重新了解了五嶽劍派和五嶽劍法，而且遇到了他人生中真正的老師——風清揚。在思過崖山洞裡面那些文字圖樣面前，令狐沖在理論上開始質疑自己所學的武功和所信奉的價值體系；在風清揚的指導下對戰田伯光、修習獨孤九劍，則在實踐上開始了新的探索與嘗試。風清揚給予令狐沖的不僅是劍法，還有價值的重建與生命意義的重估。風清揚有效利用了令狐沖性格中自由、獨立、創新的可貴特質，讓令狐沖重新認識自己成為可能。其實，早在上思過崖之前，令狐沖已經有了一次思考這一問題的引子，就是目睹劉正風與曲洋合奏笑傲江湖之曲，最後雙雙斃命，那一次是他第一次感受到正邪之辨所帶來的震撼與困惑。

　　除了風清揚，還有胸襟寬廣的沖虛道長、方證大師都是在關鍵時刻不同程度給了令狐沖正能量的老師，定逸師太的臨終託付也讓他重建自我肯定的信心。然而，即便遇見風清揚，令狐沖也不能一下子把這樣深刻的道理想明白。他真正的涅槃重生開始於下了思過崖被華山派劍宗高手重傷，他內力全失、命在旦夕時又得知被師父岳不群踢出門牆。無論他願不願意，他都不得不承認他和從前賴以生存的世界徹底決裂了。生與死此刻對於他都已經並不重要，他拒絕了方證大師的收留與救治，他要的是自由與獨立的人格。完成由內到外的脫胎換骨，走出少林寺的令狐沖，已經不是從前的令狐沖。他結交魔教義士向問天，誤習吸星大法內傷得愈後，便開始了縱橫天地、無拘無束的新人生。此後，令狐沖臨危受命接任恆山掌門，扳倒東方不敗，粉碎左冷禪合併五嶽劍派的陰謀，制服殺人狂魔林平之，遏止任我行吞併武林，終為天下太平立下汗馬功勞。

　　令狐沖一出場就受傷，康復了沒多久又被重創，差點喪命，千錘百煉終成大俠。說到此處，我想起魯迅先生的一句話，放在這裡似乎很恰當：「穿掘著靈魂的深處，使人受了精神底苦刑而得到創傷，又即從這得傷和養傷和癒合中，得到苦的滌除，而上了甦生的路。」[32]

---

[32] 魯迅：《〈窮人〉小引》，收入氏著《集外集》。

一隻單純倔強的飛蛾

　　岳靈珊是金庸武俠世界裡著名的小師妹，這個小師妹是華山派掌門人之女，美麗秀氣、活潑可愛。可惜的是，她選錯了男朋友，一誤終生，最後死於自己心愛男人的劍下；而被她拋棄的前男友，不是別人，正是故事的男主角，後來成為拯救武林的一代英俠令狐沖。

　　岳靈珊的愛情是失敗的，其失敗不在於沒有選擇將會成為青年領袖的潛力股令狐沖，而在於林平之並不愛他，甚至殘忍到殺了她。我們對岳靈珊的感情是從喜愛發展到同情和可憐，甚至很多人還會將令狐沖的一系列不幸遭遇歸因於岳靈珊的始亂終棄。岳靈珊的愛情悲劇似乎帶有偶然和客觀因素，比如說林平之為她打抱不平吸引了她的注意、當慣了小師妹要嘗嘗當姐的滋味、陸大有替令狐沖出頭排擠林平之引得她同情，甚至還有岳不群明裡暗裡安排；或者說岳靈珊的愛情失敗還未必一定成立，有人覺得我願意為我愛的人而死啊，愛情這回事，誰又能說得清呢？即便如此，如果把岳靈珊的愛情置於人生的大視角下，在最好的年華香消玉殞，其人生悲劇是毋庸置疑的。那麼，我們有必要分析一下岳靈珊人生悲劇的成因。

　　《笑傲江湖》第五回中，令狐沖說：「我是個無父無母的孤兒，十五年前蒙恩師和師母收錄門下，那時小師妹還只

157

三歲，我比她大得多，常常抱了她出去採野果，捉兔子。我
和她是從小一塊長大的。師父師母沒兒子，待我猶似親生兒
子一般，小師妹便等於是我的妹子。」十五年前三歲，那麼
岳靈珊出場時就是十八歲左右。這十八年，是怎樣的生活情
形，進而又造就了岳靈珊怎樣的性格呢？

　　曾經，在射鵰時代，社會風氣相對好，黃蓉十來歲就開
始往外跑，到處瘋玩，也沒有被拐賣，當然這與她自己的機
靈也有關。但至少，那時人們普遍淳樸，總體上還是好人
多。到了笑傲時代，感覺一出門碰到的十有八九是壞人。看
似平靜的江湖，其實陰謀詭計隨處可見。在這樣的環境下，
華山派自然就封閉保守起來。對於生在華山、長在華山的岳
靈珊來說，甚至到了十八歲之後才有機會下山。在此前這
十七八年的生活裡，除了父母就是師兄師姐，環境極其單
一，這使她性格單純，見識有限。在異性交往問題上也是一
樣，她十八年間接觸的異性除了父親岳不群無非是幾位師
兄。當岳靈珊到了戀愛的年紀，在那幾個人中她對令狐沖產
生好感是很正常的事情。令狐沖不僅是父母最喜歡的大師
兄，而且從小一起玩耍，比較有共同語言，儘管經常惹事受
罰，但對自己卻非常好。其他，勞德諾太老了；梁發、施戴
子老實木訥；陸大有專心養猴，並且處處以大師兄為榜樣，
顯然不如大師兄；剩下的高根明、陶鈞、英白羅、舒奇幾乎
沒太多印象，想必也是沒有什麼過人之處。所以，在沒什麼

選擇餘地的情況下，岳靈珊愛上了令狐沖。而他與令狐沖是否真的合適，另當別論。

正因為處於一個封閉環境，所以單純的岳靈珊對外界事物充滿好奇。岳不群要帶領弟子們去洛陽旅遊的時候，岳靈珊興奮至極。同樣，對於新入華山派的福建少年林平之，岳靈珊眼前一亮：這個男孩「眉清目秀，甚是俊美」，而且家學深厚，彬彬有禮，憂鬱中帶著深沉，還會唱少數民族山歌，頗有「中國好聲音」的偶像氣質，跟自己從小到大見到那幾張老臉那幾個大老粗完全不一樣。這對於基本從沒見過陌生男子的少女來說，怎能沒有誘惑力？

岳靈珊的生活環境不僅單一，而且身邊的人普遍尊崇她，儘管岳不群和寧中則夫婦並沒有明顯溺愛孩子的表現，但無論怎麼說這麼一個掌門人的寶貝女兒，大家對她容讓是必然的。從岳靈珊自己的角度講，父親是當世名流，華山掌門，母親也是著名女俠，自尊心和自信心都是滿滿的，加上母親寧女俠的深刻影響，爭強好勝成了她另一重要性格特徵。母親寧中則有一招「無雙無對，寧氏一劍」，而且她心高氣傲，成婚之後仍是喜歡武林同道叫她作「寧女俠」，不喜歡叫她作「岳夫人」，「寧女俠」三字是對她本人的肯定，「岳夫人」三字卻不免有依傍丈夫之嫌。岳靈珊同樣是這樣的一個人，雖然是小師妹，但是每次和師兄比劍她都不甘服輸。不僅不甘服輸，而且不甘當小師妹，所以林平之入門之

後，她極度興奮，因為終於長了輩分，當師姐了。她甚至小小年紀就要啟動自己的科研專案、建立自己的獨特品牌──和大師兄合力自創武功──沖靈劍法。

　　爭強好勝之心不是不好，看用在什麼地方。有時它可以成為少年人成長進步的驅動力。然而，有時卻會成為幸福路上的絆腳石。令狐沖是個骨子裡浸透著獨立、自由的浪子，無論怎麼喜歡都不太會把「小師妹我愛你」、「我離不開你」這樣的話掛在嘴邊，岳靈珊又是如此爭強好勝，自不肯輕易示弱。出現矛盾和誤會之後，誰也不願先低頭，於是兩人就是在這樣的僵持中越走越遠。自始至終，令狐沖只有一次真情袒露，就是在重傷之後恍惚之中見到岳靈珊，脫口而出：「小師妹，我……想得你好苦！你是不是愛上了林師弟，再也不理我了？」這是因為，一方面當時他神智並不很清醒，另一方面他大概以為自己快要死了。而岳靈珊則是直到臨死前還在這個曾經深愛著她的大師兄面前逞強，她囑託令狐沖照顧林平之時說：「大師哥，我的丈夫……平弟……他……他……瞎了眼睛……很是可憐……你知道麼？」特意在「平弟」前面加上「我的丈夫」，以示自己死在林平之劍下都沒有任何悔恨，更不會在彌留之際對令狐沖表示些許留戀。

　　岳靈珊選擇林平之還有很多可能的原因，比如林平之入華山後諸多表現酷似父親岳不群，少女按著父親樣子找丈夫也是很自然的。華山學藝時期人們看到的林平之只是一個偽

裝的假像，單純的岳靈珊輕易上當，他踏上了不歸路。好勝之心帶來的強勢讓她遺憾地錯過令狐沖，封閉環境造成的單純讓她輕易迷上林平之。抑或，愛，有時真的就像飛蛾撲火。

一隻單純倔強的飛蛾

平坦之路不平坦

不知是不是金庸先生在寫作時有意為之,不同作品裡的兩個命運很相似的人物名字也很像——《笑傲江湖》裡的林平之和《天龍八部》裡的游坦之。一個「平之」,一個「坦之」,可是他們的人生之路一點都不「平」、「坦」。

首先,兩個人都是出身武術世家,豪富子弟。林平之是福建福威鏢局總鏢頭林震南的獨子,林震南曾說:「孩子,咱們三代走鏢,一來仗著你曾祖父當年闖下的威名,二來靠著咱們家傳的玩藝兒不算含糊,這才有今日的局面,成為大江以南首屈一指的大鏢局。江湖上提到『福威鏢局』四字,誰都要翹起大拇指,說一聲:『好福氣!好威風!』」其曾祖林遠圖「創下七十二路辟邪劍法,當年威震江湖,當真說得上打遍天下無敵手」。游坦之的父親是游氏雙雄之一的游駒,游驥、游駒兄弟倆「家財豪富,交遊廣闊,武功了得,名頭響亮」,曾在家中和「閻王敵」薛神醫聯名舉辦當時江湖上規模罕有的英雄宴。

其次,兩個人都是少年多難,身負家仇。林家祖傳辟邪劍譜引起武林中人覬覦,林家因此遭到的滅門慘禍,全家上下一百來口被盡數屠殺,父母更是被余滄海和木高峰虐死。林平之成為家破人亡的孤兒,當時十八九歲。聚賢莊一役,蕭峰對陣天下各路英雄,戰況慘烈無比,血流成河。游驥、

游駒兄弟倆雙盾為喬峰所破，為信守「盾在人在，盾亡人亡」的誓言，二人自盡，游坦之的母親也殉夫而亡。游坦之當時十八歲，從此「孤苦伶仃，到處遊蕩」。

第三，兩個人後來都迷途深陷，結局悲涼。林平之為了早日練成絕世武功以報血海深仇，自殘身體，心理變態，走向毀滅。對於這類以自殘方式習武的現象，近代武術家尊我齋主人曾評論道：「不知是種蠻野法，乃鄉曲里巷中之下乘拳師所為。正所謂野狐禪、門外漢一流，何足語於上乘之神技妙術乎！故此種人常有因習技術，而妄用其力以殘身而隕命者。此豈先輩創立技術之微意耶？」[33] 林平之墜入歧途，不僅對所謂仇人開始了殘忍的屠戮，而且親手殺死了世界上最後一個愛他的人 —— 岳靈珊，最終被令狐沖囚禁於西湖地牢。流浪兒游坦之於偶然機會下練就冰蠶毒掌成為絕世高手，武功幾可與蕭峰、虛竹打成平手。後來化名莊聚賢，篡奪丐幫幫主之位，可遭到阿紫的殘忍虐待後竟然深深地愛上了她，最終隨阿紫跳崖殉情。

如此看來，所謂「平」、「坦」，還真真「同是天涯淪落人，相逢何必曾相識」。但恐怕即便改成穿越劇他們也不會相識了，因為兩人甚至同樣在不平坦的復仇道路上變成了盲人。那麼問題來了：為什麼諸如令狐沖、張無忌等人在同樣類似的少年多難的命運中過關斬將、歷盡磨難最後終成大

---

[33] 尊我齋主人：《少林拳術祕訣》。

器，而平坦二人卻陣前折戟走上了不歸路呢？問題恐怕還要從平坦二人相似的成長環境和早期教育說起了。

一是家境富足，養尊處優。林家開的是長江以南最大的保全公司，壟斷了福建、廣東、浙江、江蘇、山東、河北、兩湖、江西和廣西等從南到北十個省的保安業務，林平之毫無疑問是個富二代，每天生活在公司員工眾星捧月般的前呼後擁之中，《笑傲江湖》一開篇的少鏢頭狩獵場景即可見一斑。游家的家境可能比林家不足，但是「家財豪富」四個字足以表明絕不是一般的有錢。游坦之小時候「身體瘦弱，膂力不強」，更是受不得一點苦。他們早已習慣了被人伺候、要什麼有什麼的生活。

二是嬌生慣養，從無挫折。林平之是三代單傳的獨子，父母過度寵愛，如林震南與兒子象徵性地比劃了幾招就大贊「很好，很好」，林夫人更對兒子說：「哼，他們要想動你一根寒毛，除非先將你娘殺了。」游坦之所受寵愛有過之無不及，父母也根本不知道怎樣培養孩子，武功練到十二歲才發現兒子不是那塊料，就改學文。行為習慣早已養成，此時開始讀書怎能讀進去？所以又不斷氣走老師。研究顯示，在這種縱容型教養方式下成長起來的孩子在認知能力、社會能力等各個方面表現都較差。[34]

---

[34] 根據鮑姆瑞德的早期研究，父母對孩子的教養分為四種類型：專斷型教養方式、權威型教養方式、縱容型教養方式和未參與型教養方式。參見 [美]David R. Shaffer：《發展心理學 ── 兒童與青少年》，鄒泓等譯。

　　三是不得名師，交錯朋友。兩人在大難不死之後，都沒有人及時給予他們有益的幫助和指導，告訴他們如何走出陰霾，此後的人生又該怎樣面對。沿街乞討的林平之先是被迫拜奸惡的木高峰為師，後來總算投在名門正派華山派門下，哪知那個師父也就是華山派掌門人號稱「君子劍」的岳不群竟是個頭號偽君子，自己只不過是各種陰謀中的一粒棋子，再後來就是徹底與真小人左冷禪混在一起了。游坦之在流浪生涯中先遇邪惡的阿紫，後遇投機主義者和卑鄙之徒全冠清，一步步把他帶上歧路，這樣的損友對他百害無一利。

　　由此不難得出結論，兩人家庭物質環境好，但是從小沒有得到良好的教育，溺愛和順境使他們不具備任何抗擊打能力，又無良師的及時引導，結交惡人。這一切怎能不讓他們在不平坦的道路上隕落？所謂「艱難困苦，玉汝於成」，其實兩個人為了達到目的能夠堅忍不拔，尤其是林平之在很多問題上還表現出優異的潛質，如果不是後天教育環境出了問題，不排除他們也會小有成就。所以，兩人真正的悲劇並不是遭遇了家族血案這樣成長中的劫難，而是早期教育的缺失。

一場沒有開始就已結束的愛戀

「門簾掀處，眾人眼睛陡然一亮，一個小尼姑悄步走進花廳，但見她清秀絕俗，容色照人，實是一個絕麗的美人。她還只十六七歲年紀，身形婀娜，雖裹在一襲寬大緇衣之中，仍掩不住窈窕娉婷之態。」

這便是儀琳的出場，想用驚豔來形容，又覺得不恰當，於是乎「絕俗」、「絕麗」，金庸一連用了兩個絕字，一定是美而不豔，超凡脫俗。她如同一縷清風吹進喧囂汙濁的江湖，又像一輪皎潔的明月讓那個世界的庸俗者、卑劣者自慚形穢。「但見她秀色照人，恰似明珠美玉，純淨無瑕，連余滄海也想：『看來這小尼姑不會說謊。』」大概是因為太脫俗了，不似凡間人物，所以她的情感、人生都大大超出常人想像。人人心中不禁都想：「這樣一個美女，怎麼去做了尼姑？」

不管儀琳自己承認不承認，她事實上都已經愛上了令狐沖。但出於對信仰的篤定，儘管嘗盡了煎熬，品透了苦澀，經歷了銘心刻骨的相思，她最終克制了這份情感。當她從令狐沖手上接過恆山派掌門之印，誰又能理解她內心深處的隱祕情思？夜深人靜時，古佛青燈下，她會忘記那一幕幕過往？她真的放下了嗎？我們不是儀琳，我們永遠體會不到。表面上在《笑傲江湖》的結尾，令狐沖與任盈盈雙宿雙飛，儀琳繼任五嶽劍派之一恆山派掌門，皆大歡喜。然而，細

細品味儀琳的人生軌跡，不禁悲從中來，令人無限感傷與酸楚。

儀琳不是因為看破人生而出家，也不是因為篤信佛教而為尼，她是「被出家」的。儀琳的父親在成為不戒和尚之前，是個屠夫，後來愛上了一個美貌尼姑，但是尼姑是不能嫁人的，所以屠夫男就出了家做了和尚，說即便佛祖怪罪先下地獄的也是他。尼姑感動，還俗與之結婚生下一女，就是後來的儀琳。女兒出生後不久，不戒和尚與過路女子搭訕打翻了儀琳娘的醋罈子，儀琳娘一氣之下離家出走。不戒和尚為了找她便把儀琳託付給了恆山派的定逸師太，從此不戒和尚十幾年如一日尋找妻子，可找遍了天下所有的寺院都沒有找到，儀琳卻成了沒有父母的小尼姑，在恆山出家修行。

儀琳到了恆山之後，先後在恆山實驗幼稚園、恆山第一小學、恆山一中、恆山高中就讀，高中上的還是資優班。儘管上學早，但品學兼優，且擔任班幹部，校長兼班主任定逸師太對她寄予厚望。學校採取封閉式管理，寄宿制，節假日很少休息。上高中的時候，她在一次偶然的校外活動中認識了友好學校華山一高的學長令狐沖。令狐學長並不是她那樣的「好學生」，他的壞名聲在這幾所高中都有傳播。他經常曠課去打遊戲，因此總是被老師罰站，被學校處分。但令狐學長長得帥，人仗義，特別是在全國高中籃球聯賽中出盡風頭，因此不少女同學都偷偷喜歡他。那天儀琳在校外被小流

氓欺侮，剛好被令狐學長見到，他狠狠揍了他們一頓，啊
不，準確地說是小流氓出手狠毒，令狐學長挨打了，但他挨
打的姿勢都那麼帥！當然最後小流氓也被嚇跑了。儀琳同學
從此總是無意間想起令狐學長，有幾次還夢見了他。醒了之
後又深深自責，因為學校不讓談戀愛，老師對她寄予殷切希
望。定逸老師待她非常好，生活上照顧，學業上關心，她怎
能讓定逸老師失望？

　　一邊是青春懵懂的不可抗拒的愛情，一邊是學校老師的
厚望和升學壓力，儀琳被折磨得茶飯不思，日漸憔悴，學習
成績也明顯下降。那段時間還經常要代表學校參加縣市教育
交流活動，偏偏總是遇到令狐學長，又發生好多事情，亂極
了。最痛苦的時候，她甚至想「寧可當年媽媽沒生下我這個
人來」。好在學校有個心理老師叫啞老師，啞老師進行心理
輔導的最大特點就是她特別善於充當傾聽者。這些心裡話儀
琳沒法向其他任何人說，父母不在身邊，當然更不敢跟定逸
老師說，跟同學說一定會被笑話。所以跟啞老師說最合適不
過，她是心理老師，不會告訴別人。其實，啞老師也提不出
具體的解決辦法，可是這麼說出來就好多了，總比憋在心裡
難受要好。

　　說到這裡，你大概明白我的意思了。高中生，甚至國中
生，特別是女孩，在這個年齡段對異性萌生好感是非常自然
的事情，那也是人類非常美麗純潔的一種感情。身為老師、

家長，我們應給予充分的愛護和關懷，幫助其成長、成熟。
比儀琳幸運的是，現實生活中女孩子們大學就可以正常談戀
愛了。可是儀琳不可以，她成了恆山派掌門。她說，一個人
真正愛上另一個人，是不會想第二個的；她說，她一心只盼
令狐沖心中歡喜，此外別無他念。這是一場還沒有開始就已
經結束的愛戀，放在今天就是許多班主任眼裡的早戀事件。
最初是命運的安排她不能自己選擇人生，後來她有了選擇的
權力但她選擇了事業，不知道是無奈還是釋然。

思過崖上的風

　　風清揚在令狐沖的成長道路上的作用是非常關鍵的,可以說沒有風清揚,令狐沖至少還要在黑暗中摸索更長的時間。遇見風清揚的時候,令狐沖無論在學習和事業上還是在人生道路上,都正在經歷一個瓶頸期,但他自己並不知道問題所在。

　　一出場,好打抱不平的令狐沖就屢屢挨打,傷痕累累,甚至躲到妓院,被小尼姑儀琳抱著逃命,狼狽不堪。身為江湖上威風八面的五嶽劍派之一華山派的首徒,不僅打不過武林門派第二梯隊的青城派弟子羅人傑,更打不過採花淫賊田伯光。令狐沖再放浪不羈樂天派也不可能不鬱悶。他的問題大概可歸結為三個原因,一是自己下死功夫不得要領,二是岳不群的氣宗劍法本身就有局限,三是師父並沒有抓住他的性格特徵因材施教。他受師父處罰在思過崖面壁,一年之後下山便輕鬆打飛華山派劍宗的前輩高手成不憂的劍。令狐沖此後的人生轉折更與思過崖的生活密切相關。思過崖上究竟發生了什麼,讓令狐沖開始走出瓶頸邁向新的人生?

　　是的,令狐沖在思過崖遇見了一個人,一個世外高人,風清揚。那我們來看看風清揚對令狐沖進行了怎樣的重要指導。

　　令狐沖不僅在上思過崖之前連吃敗仗,在思過崖的山洞

石壁上更看見了包括華山劍法在內的五嶽劍法盡數被人破解的圖解，即便自己練到最高水準也是會如圖中那樣被人擊敗。可想而知他此時是何等喪氣，山洞外的田伯光正在步步緊逼，自己已無退路。這時，風清揚現身了。他先教令狐沖將學過的華山劍法三十招重新組合，史無前例地和田伯光拆了一百餘招，又在風老師點撥下以手指當劍首次打倒田伯光。風老師首先用簡單易行的方法調動了令狐沖的學習積極性，嘗到了甜頭之後令狐沖對風老師十分佩服，對進一步學習產生了極大興趣。

風老師隨後在石壁前向令狐沖解說華山劍法武功源流，令狐沖大悟劍招如何不被人破的道理，此前的困惑一朝明朗。破招的前提是有招可破，無招便不存在破招。岳不群教學生「舉手提足間只要稍離了尺寸法度，他便立即糾正」，風清揚卻是「越隨便越好」。風老師說：「招數是死的，發招之人卻是活的。死招數破得再妙，遇上了活招數，免不了縛手縛腳，只有任人屠戮。這個『活』字，你要牢牢記住了。學招時要活學，使招時要活使。倘若拘泥不化，便練熟了幾千萬手絕招，遇上了真正高手，終究還是給人家破得乾乾淨淨。」這其實是理論與實踐相結合，不拘泥於書本理論，舉一反三，活學活用。作文不應有標準答案，數學題的解題方法也未必是唯一的，而掌握任一種方法都應該可以解開無數道題。風清揚的教學理念正符合了令狐沖的天性，令狐沖

「使劍時心中暢美難言」，眼前突然「出現了一個生平從所未見、連做夢也想不到的新天地」。出洞後，田伯光又一次被令狐沖擊倒，但令狐沖顯然學得不盡興，他巧妙取得時間繼續跟風老師學習。

隨著師生交流深入，風清揚越發覺得令狐沖的聰明機智和任性而為正是學習上乘劍法的好材料，終於開始把江湖上消失已久的稀世武功——獨孤九劍傳給令狐沖。風老師傳劍的教學方式就不拘一格，一方面要對付眼前的田伯光，另一方面對於風大師這樣的隱世高人時間總是有限的，所以他靈機一動，「第一招不用學，第三招只學小半招好了」。風老師先讓令狐沖將總訣背熟，待日後再認真揣摩和練習。然後詳解前三招，主要是第三招的「破刀式」，料敵先機，只攻不守。又經過一天一夜的演練，再行決戰之時，十劍過後田伯光就已膽戰心驚，不知如何招架，幾個回合之後令狐沖已將田伯光的「生殺之權操於己手」。

危機化解，風清揚將獨孤九劍盡數傳給令狐沖，隨後飄然而去。臨了風老師還強調其劍法的要旨在一個「無」字，不可死記硬背，通曉全部劍意之後，便可盡數忘記，「臨敵之際，更是忘記得越乾淨徹底，越不受原來劍法的拘束」。當一門功夫被真正理解、真的成為自己的東西，隨意使來，又何懼忘記呢？而且只有忘記了原來的條框束縛，方可融會貫通。風老師不愧為一代武學大師。然而，風清揚教給令狐

沖的遠不只是劍術武功。「令狐沖和風清揚相處十餘日，雖然聽他談論指教的只是劍法，但於他議論風範，不但欽仰敬佩，更是覺得親近之極，說不出的投機。」風清揚的教導引發了令狐沖很多的思考，令狐沖慢慢學會了怎樣用心思考武功與人生。而在此之前令狐沖基本是個不太動腦子的人，憑著天生聰明勁遊戲人間，出現矛盾不明其中緣由，遇到痛苦不知如何化解。

　　風清揚說，「劍術之道，講究如行雲流水，任意所至」，「一切須當順其自然，行乎其不得不行，止乎其不得不止。倘若串不成一起，也就罷了。總之不可有半點勉強」，「世上最厲害的招數，不在武功之中，而是陰謀詭計，機關陷阱」。這些無不為令狐沖打開了一扇重新認識自己、認識武學和認識世界的法門。風清揚就是思過崖上的一陣清風，輕輕拂過令狐沖迷茫困頓的心。從此，令狐沖的武功與認知開始大幅度提升，他將慢慢開啟人生的新境界。

一個燒餅引出的大俠

石破天其實不叫石破天，而叫「狗雜種」。狗雜種確實非常難聽，但這是他那個未婚未孕的「媽媽」給起的名字，他自己也不以為意。賴名好養活，果然狗雜種糊里糊塗當上了長樂幫幫主，而且糊里糊塗學會了絕世武功，糊里糊塗解開了「俠客行」神功的祕密。

為了保持讀書人的斯文，我們還是叫狗雜種為石破天吧。

石破天到底是不是石中堅，《俠客行》的結尾並未給出明確答案。據情節推測，十之九點九九是。但無論是不是，都不妨礙我們對這個人發出嘖嘖的讚嘆聲。讚嘆他什麼呢？讚嘆他不識字，讚嘆他傻，還是讚嘆他傻人有傻福？

還是先讓我們回到故事吧。

石破天從小跟那個所謂的媽媽在一起生活，媽媽儘管給他起了個不雅的名字，而且精神確實也不太正常，但她對石破天的教育——如果我們承認客觀上那算是教育的話——有兩點十分重要，一是萬事不求人，二是保持真性情。

書中說，石破天幼時因為張口求人（當然除了那個媽也沒別人）吃了不少苦頭，「實是創深痛巨」，他說：「我媽媽常跟我說：『狗雜種，你這一生一世，可別去求人家什麼。人家心中想給你，你不用求，人家自然會給你；人家不肯的，

你便苦苦哀求也是無用，反而惹得人討厭。』我媽媽有時吃香的甜的東西，倘若我問她要，她非但不給，反而狠狠打我一頓，罵我：『狗雜種，你求我幹什麼？幹麼不求你那個嬌滴滴的小賤人去？』因此我是絕不求人家的。」不僅不讓求，一旦懇求便招來一頓胖揍，打完了自己還哭，搞得石破天極其困惑，於是到了八九歲之後便什麼都不求了。

如果推測不誤，石破天就是當年梅芳姑從石清家搶來的孩子，那麼她如此對待石破天就是在發洩對石清因愛而生的恨。然而，這不求人的性格一旦形成，不僅使石破天養成了「自己動手，豐衣足食」的生存本領和行事準則，更使得石破天儘管頂著「狗雜種」的賤名卻活得比所有人都有尊嚴。這一點十分重要——活得有尊嚴，是幸福的前提。管你是天王老子還是天下第一，都跟我沒關係，我也求不著你。不用看任何人臉色，不必理會任何在別人看來有多麼重要的事情，我開心，我快樂，我為我自己代言！

石破天之所以能保持真性情，是因為他的生活環境非常簡單，簡單到十二三歲之前他除了媽媽沒見過任何人。母子倆定居在遠離塵囂的豫西盧氏縣東熊耳山枯草嶺[35]，他們的鄰居是十一株大松樹以及樹上的松鼠、草裡的山雞和野兔，

---

[35] 河南熊耳山是少林達摩祖師示寂成佛之所，山下空相寺至今依然是人們禮佛聖地。筆者不禁因此產生疑問：石破天的「佛俠」氣質是否與此有關，抑或幼時曾在山中得到佛陀開示？參見黃鑑衡：《嵩山少林寺巡禮》；及溫玉成：《傳為達摩葬地的熊耳山空相寺勘察記》。

他最好的朋友是大黃——中華田園犬一隻。在這樣的環境裡，石破天基本屬於野生綠色純天然人群。

同時，儘管梅芳姑總是把仇恨轉嫁到孩子身上，但相處十餘年中，可以看出她對石破天是有母愛的，否則石破天也不可能不見了媽媽而下山滿世界找，整個《俠客行》其實就是石破天下山找媽媽的故事，故事結尾止於母子重逢。有愛有情卻未受世俗汙染的石破天，保存了本性的真善美。這是他誤入江湖之後能夠常常有驚無險、逢凶化吉的法寶，也是最後偏偏他能誤打誤撞空前絕後破解俠客行神功的根本原因。石破天也因其善和捨的慈悲精神被人們稱為金庸小說中的「佛俠」。

我們可以從他下山開始把大事件捋一捋。

他下山後走了很遠，於是很餓，但不能求人給吃的，等啊等終於等到吳道通的燒餅落在了地上，於是他撿了，撿不是偷不是搶更不是乞。那個燒餅裡就藏著玄鐵令，「摩天居士」謝煙客收回玄鐵令的條件就是要答應對方請求的一個條件，石破天偏偏不求人，於是無計可施的謝煙客只能把他帶到摩天崖。

路上石破天又挺身而出要救大悲老人，大悲老人十分感動臨終以泥偶相贈，而那泥偶中便藏著羅漢伏魔神功。在摩天崖，居心險惡的謝煙客想以錯誤方法教授石破天武功，以使之斃命免去麻煩，偏偏石破天心無雜念難以走火入魔。被

「著手成春」貝海石劫到長樂幫後，他發現泥偶的祕密，在謝煙客所授奇怪內功基礎上輕鬆練成羅漢伏魔神功。

不久石破天被白萬劍當作惡人石中玉從長樂幫劫走，又被丁不三救出，接著邂逅丁不四、史婆婆和阿秀。還是因為行俠仗義保護史婆婆，被史婆婆收為金烏派開山大弟子，並傳授金烏刀法和雪山劍法。因為忠厚善良，輕易相信賞善罰惡二使者，被兩人誤會施以毒酒，歪打正著又增加了內力。為了讓閔柔免受失子之痛，他聽信丁璫蠱惑，代石中玉上凌霄城，隨後又代石中玉赴那生死未卜的臘八粥之約。

俠客島上，是他第一個喝下臘八粥，島主分發賞善罰惡薄時也只有他還是在「自顧喝粥」，所謂「心底無私天地寬」，這等無知者無畏的氣概無人能及。他悟出俠客行武功的祕密，表面上看是因為他不識字，實則說明他的不妄執、不慕虛名。俠客島上所有名揚天下的武林高手都執迷於那神奇武功的奧妙，迷失了回家的路，只有他是個保持了真性情的局外人，只有他能悟到真諦，所以在侯監集撿燒餅吃的那個小丐終成一代大俠。

石破天除了本名狗雜種和可能的原名石中堅，還叫過小丐、大粽子、史億刀。這幾個名字分為完全相反的兩類，狗雜種、小丐和大粽子似乎很低賤、很卑微、很平凡，石破天、史億刀和石中堅則聽起來高貴、英武、超凡，這之間的分界線是尊嚴和本真。

邪惡的青春

　　江南玄素莊石清、閔柔夫婦師承上清觀，黑白雙劍之名威震大江南北。他們以「黑白分明」為行走江湖的準則，主持正義，除暴安良，為時人所敬仰。然而，令他們萬萬沒有想到的是，自己的親生兒子頑劣叛逆，把偌大的雪山派鬧得雞犬不寧，雪山派掌門白自在幾乎到了妻離子散、家破人亡的境地，而當時石中玉也就十五六歲。直到最後被謝煙客帶走，石中玉也頂多二十歲，在這四五年時間裡，石中玉度過了一段邪惡的青春歲月。

　　其實小說對石中玉的正面描寫並不多，他的大部分「光榮事蹟」都是眾人敘說，人未出場便已惡名昭彰。事情是這樣的：石清夫婦為了兒子有出息，把他送到偏遠的雪山派進行長期封閉式拓展訓練，就像很多父母管不了孩子便送去當兵一樣。沒想到石中玉竟然對白自在的孫女、凌霄城的小公主阿秀圖謀不軌，還砍了呼救丫鬟的胳膊和大腿，阿秀寧死不從跳了深谷。白自在一怒之下斬斷了石中玉的師父也是雪山派大弟子封萬里的胳膊。白自在的夫人史婆婆責備他暴躁魯莽、遷怒於人，白自在不服，兩人吵起來，白自在動手打了老婆，剛烈的史婆婆甩袖而去，離開了凌霄城。阿秀的媽媽自責沒有保護好女兒，精神失常。

　　本來是想讓兒子去磨練磨練，沒想到這小子把雪山派給

磨練了。這才只是石中玉邪惡青春的開始，他逃下山後偶遇長樂幫貝海石，長樂幫上下正犯愁沒人敢去俠客島赴約，於是以幫主之位誘惑石中玉就範。當了幫主的石中玉如魚得水，更加肆意妄為，欺男霸女，惡名遠揚。當謝煙客把他當做石破天要滿足他一個條件時，他的要求竟是剿滅雪山派，而且要親眼觀賞這個過程。一個十幾歲的毛頭小子怎麼就壞到這個程度，其性格是如何形成的呢？

石中玉一周歲的時候，滿月的弟弟石中堅被惡人擄走「殺害」，石清夫婦悲痛欲絕。母親閔柔，十幾年後提到她的堅兒還「淚水涔涔而下」，她把對小兒子的愛與愧疚全都集中在了大兒子石中玉身上。這位人稱「冰霜神劍」的美貌女俠，一向端莊肅穆、注重形象，因為不爭氣的兒子不僅多次在公開場合落淚失態，更多次被人當眾數落，她都默默忍下。等見到無論是錯認的石破天還是真的石中玉，竟然沒有半點責備，而是「充滿愛憐」，「只想撲上去將他摟在懷中，親熱一番，眼中淚水早已滾來滾去」，倒像是自己的孩子被人迫害了一般。待見到石中玉，兒子送上一隻玉鐲便令閔柔慍意漸減，把他的種種惡行拋在了腦後。真假幫主之謎揭開謎底之後，石破天念在閔柔的幾日恩情要求謝煙客帶走石中玉，實際上這是救了石中玉一命，閔柔「話聲哽咽，又流下淚來」。還是石清這個做父親的相對理智，說：「他諸般毛病，正是從嬌生慣養而起。」石清得知石中玉的惡劣行徑搖

頭道：「寧可像堅兒那樣，一刀給人家殺了，倒也爽快。」其實石清大概早就知道問題所在，只是心疼老婆不願多管。

另一方面，長樂幫的不良環境也加速了石中玉的墮落。能想到找一個替罪羊來消災解難，這本身就不是光明磊落的行為。長樂幫的實際掌權人貝海石在石中玉不見之後，又用石破天偷梁換柱，其道德品格顯然是有問題的。閔柔曾對長樂幫有一番評價，她說：「長樂幫在江湖上名聲甚壞，雖非無惡不作，但行凶傷人，恃強搶劫之事，著實做了不少，尤其不禁淫戒更為武林中所不齒。幫中的舵主香主大多不是好人……」一個驕奢公子混跡於這樣的群體裡，還能做出什麼好事來呢！從最初的侵犯小師妹到後來的四處風流，石中玉的劣跡中性方面的問題尤為突出。美國作家奧里森‧斯威特‧馬登指出，父母在性問題上的沉默是造成青少年性犯罪以及人生悲劇的重要原因。處於青春期的石中玉遠離父母，顯然缺乏這方面的正確引導，這無異於「讓一個盲人獨自在通往河邊的街道上漫步，這是多麼殘忍的一件事」。[36]

然而，石中玉如此邪惡，竟然有妙齡少女對他痴迷成狂，典型代表就是丁璫。丁璫甚至知道石中玉到處拈花惹草，但她似乎偏偏就喜歡這樣的石中玉。其實不止丁璫，石中玉交往的女性大多是順從於他，而非被迫。究其原因，從石中玉這一方面來說，就是他能說會道，懂得如何討人歡

---

[36] [美] 奧里森‧馬登：《初性之美》。

心。丁璫等人大概在他那裡能夠得到一時之樂，因此趨之若鶩。其實這也是我們人類的一個通病，明知道忠言逆耳，可誰不愛聽好聽的呢？看小說，我們居高臨下一眼就能看出石破天遠勝石中玉，可設身處地在現實生活中你還有這個把握嗎？

記得當時年紀小

「叮叮噹噹」，悅耳之聲，丁璫也的確是個活潑可愛的女孩。剛讀完《俠客行》的時候說起丁璫，我馬上想到的問題就是：丁璫為什麼沒有像黃蓉愛上郭靖那樣愛上石破天，而是像穆念慈愛上楊康一樣死心塌地愛上了石中玉？這是個極為有趣的問題。

貝海石為了給長樂幫找一個赴約俠客島的替罪羊，把紈絝子弟石中玉推上長樂幫幫主之位。石中玉享受了一幫之主的榮華富貴事到臨頭又貪生怕死，於是開溜了。貝海石在摩天崖偶遇當時還叫作狗雜種的石破天，因兩人長相極為相似，將其帶回長樂幫以石破天之名充任幫主。石破天因謝煙客誤導武功經歷一段時間昏迷之後，以為自己失憶了，半信半疑滯留長樂幫，期間與石中玉的小夥伴丁璫相識。丁璫也只道自己的天哥大病一場忘了前事，努力助其恢復記憶。直到石中玉和狗雜種石破天同時出現，眾人才恍然大悟，丁璫也才知道自己認錯人了。

在丁璫把狗雜種當做天哥並心生狐疑的時候，我們也難免跟她一樣把這二人做一番比較。石中玉不學無術、油嘴滑舌，吃喝嫖賭、處處留情，是個韋小寶式的人物；石破天善良正直、武功高強，品格超群、懲惡揚善。儘管長得一樣，為人可是天差地別，我們當然覺得石破天才是女孩擇偶的仕選。

　　可事實上，丁璫明白一切之後，伸手就打了石破天一記響亮的耳光，怒道：「你這騙子……」這一記耳光似乎也打在了我們這些熱心讀者的臉上。時刻在想著騙人的石中玉幾句花言巧語就讓丁璫「如坐春風，喜悅無限」，樸實的石破天反倒成了騙子，這個丁璫真是令人匪夷所思。這到底是為什麼呢？

　　丁璫不過十幾歲，書中並未交代她父母的來歷，但顯然她是由爺爺丁不三帶大的。丁不三對這個隔代獨生孫女百般溺愛，甚至視為命根子的二十年陳紹「玄冰碧火酒」被丁璫隨隨便便偷走跟人喝掉，他也沒有生氣；丁璫說要嫁給一起喝酒的這個少年，丁不三當晚就給辦喜事，只因被貝海石臨時叫走才沒辦成。另外，丁不三本人的品行也是個問題。他有惡的一面，殺人不眨眼，「一日不過三」；他也有天真性情的一面，後來要殺掉石破天的理由也是讓人哭笑不得——當他發現石破天是個「白痴」時說：「這樣的膿包我若不殺，早晚也給人宰了。江湖上傳言出去，說道丁不三的孫女婿給人家殺了，我還做人不做？」丁璫就被這麼一個不著調的爺爺寵著，她因此模糊了真假善惡的界限。金庸在新修版《俠客行》中把她殺死侍劍一節改為點中穴道，想是許多年後先生也同情起丁璫，不想讓她陷得太深。

　　其實，也是在這樣的環境裡肆意生長，丁璫保存了真我性情。選擇石中玉也許不符合世俗道德規範，但卻是自己內

心真實的選擇。書中說得明白，她是「傾心風流倜儻的石中玉，憎厭不解風情的石破天」。即便這段戀情是錯的，這個十幾歲的小女孩敢愛敢恨的勁頭也著實令人敬佩。俗話說誰年輕時沒愛過幾個錯的人呢？要求一個二十歲左右的女孩戀愛必須選擇一個符合世俗標準人人都喜歡的完美男朋友，似乎有點苛刻。正如萊溫斯基在白宮醜聞十幾年之後走上演講臺時所說：「二十二歲時，你們中有一些人也曾走過彎路，愛上了不該愛的人，也許是你們的老闆。但與我不同的是，你們的老闆可能不會是美國總統。」

最後摩天居士謝煙客被迫答應石破天，帶走了石中玉，石破天因而又挨了丁璫一記耳光，因為她與她的天哥從此不能長相廝守了。或許丁璫還會千里萬里地跟隨而去，石中玉也會思過悔改；或許這段戀情便因為石中玉的摩天崖服役之行而結束，就像我們年輕時那些無疾而終隨風消逝的初戀，可能都是成長的路上必須經歷的。但無論怎樣，丁璫是真的愛過一回。

記得當時年紀小

那一年，芳芳十九歲

　　十九歲的美少女，芳芳——你一定想不到我要說的是梅芳姑，那個給自己的養子取名為狗雜種的粗俗、暴躁的腫臉婆。《俠客行》的故事一開篇就有她，狗雜種不見了媽媽，便一路找下山去。直到小說結尾，這個傳說中的媽媽終於出現了，而且她竟然就是二十年前的美少女梅芳姑。當年梅芳姑不僅是「武林中出名的美女」，而且武功高強——「兼修丁梅二家之所長」，文才出眾——「博古通今，又會作詩填詞」，精通女紅——「針線之巧，烹飪之精」都是「千般伶俐的手段」。怎麼如此近乎完美的一個美人，變成了那樣粗俗、暴躁的腫臉婆呢？

　　從小說結尾以及故事發展中的點滴細節，我們大致可以推測出一段塵封的往事。時光倒流二十年，故事從頭講起。

　　石清、閔柔二人當時是上清觀武術學院的同學，上清觀談不上名山古刹、風景秀麗，但兩人在那裡結緣，留下了許多浪漫的回憶。從後來他們夫婦二人的衣著打扮看，他們非常注重個人形象。不僅居所叫作玄素莊，掛著「黑白分明」的牌匾，而且行頭也是「黑白配」。閔柔一身白，石清則是黑衫黑帽黑馬黑劍鞘。小說開頭，夫妻倆在候監集折騰一番後，石清還要帶閔柔去汴梁買首飾，說是「閔柔素以美色馳名武林，本來就喜愛打扮，人近中年，對容貌修飾更加注

重」。由以上資訊可推知石清年輕時就應該是很能扮酷的，加上武功高、人品好，會哄女孩子，於是少不了吸引眾多女孩的目光，其中就有「武林中出名的美女」，閔柔還比之「不及」的梅芳芳。那一年，梅芳芳十九歲。

芳芳小姐貌美，有才，武功高，持家好手，什麼人這麼有福氣養出了如此尤物呢？梅芳芳母親是梅文馨——呃，是的，女隨母性。那父親呢？父親叫丁不四，對了，芳芳還有個大爺叫丁不三。丁不四其實是個很有趣的人，丁不三要石破天死，他偏偏要石破天活，因為他就喜歡跟丁不三做對。他有老頑童的遺風，當然也有老頑童的不負責任的毛病。所謂不三不四，把殺人「一日不過三」的丁不三放在一邊不表，這丁不四著實也算不得好男人。因為他對梅文馨始亂終棄，生下梅芳芳後無情地拋下了母女倆。梅文馨因此恨透丁不四，給女兒取名為梅芳姑而不是丁芳姑。

其實，與梅文馨在一起之前，丁不四有過一段失敗的感情，就是追求史小翠未果。女俠史小翠正當青春，也是追求者甚眾，其中出類拔萃的就是白自在和丁不四。後來史小翠遵從父母意願嫁給了有名氣有地位的雪山派掌門高富帥白自在。其實，史小翠後來的生活並不幸福。丁不四終身未娶，到老還在對史小翠念念不忘，不知如果史小翠嫁給丁不四會不會是更好的選擇。丁不四受了打擊之後，很可能把梅文馨當做了感情備胎，用新戀情醫治舊傷痛，而非真的喜歡梅文

馨。一時麻醉過後，丁不四又踏上了尋找史小翠的迷途。可對於梅文馨和梅芳芳來說，這是極其殘酷的。

梅芳芳沒有父親幫她在心中建立優秀男人的形象參照，梅文馨受了欺騙和玩弄，對女兒少不了灌輸「男人沒一個好東西」的愛情觀。因此當梅芳芳心繫石清並表達愛意遭到拒絕後，一下子感到母親說的話真的是真理，於是對石清因愛生恨。顯然梅芳芳受了母親的影響，對石清懷有對天下所有男人的偏見。但石清與丁不四不同，他並沒有對梅芳芳有過情感糾葛甚至夾纏不清的曖昧。故事結尾，所有劇中人二十年後再聚首，石清對她做了個最後的告白，他說：「不錯！芳姑，我明明白白地再跟你說一遍，在這世上，我石清心中便只閔柔一人。我石清一生一世，從未有過第二個女人。你心中若是對我好，那也只是害了我。這話在二十二年前我曾跟你說過，今日仍是這樣幾句話。」石清當著包括長輩晚輩在內的眾人的面，擲地有聲地說出這些話，應該真實可信。那麼可以確定，梅芳芳當年只不過是一廂情願的單相思罷了。

這下慘了，徹底悲劇了。現在我們可以大致還原當時的情形：那一年，十九歲的梅芳芳愛上好男人石清，約將出來，紅著臉說俺喜歡你。石清嚇一跳，說不會吧，咱倆沒戲。梅芳芳說怎麼就沒戲呢，我真心喜歡你呀！石清說，我心裡有人了，是閔柔。梅芳芳說，啥，我各個方面都比閔柔強百倍，你不考慮考慮我嗎？石清說，可我對你沒感覺啊。

於是梅芳芳怒了，我這麼優秀，你怎能沒感覺，你就是心口不一，偽君子，混蛋！天下男人真的沒一個好東西！看我怎麼報復你！那姓閔的也不是省油的燈，一天天打扮的跟什麼似的，嬌滴滴的小賤人！「嬌滴滴的小賤人」，這是她後來經常跟狗雜種說的話。

石清與閔柔不久結婚，不久生子，不久又生子。這可嫉妒死梅芳芳了，等著石清離婚的可能性都不大了，她簡直要瘋了。一不做，二不休，打不過你們倆雙劍合璧，我偷你們的孩子，那不是你們愛情的結晶嗎？哼，折磨死你們！於是，有一天趁石清不在家，她偷走了石清夫婦的二兒子石中堅，隨後把一團血肉扔了回來。石清夫婦以為兒子被害，悲痛欲絕。那邊廂梅芳芳，哦，對了，這時候應該叫梅芳姑了，梅芳姑把石中堅帶到熊耳山枯草嶺，取名為「狗雜種」以洩憤。心上人看不上自己，美貌又有何用？她自毀容貌，淒然隱居。她不准狗雜種求她任何事，一旦求她她非但不答應，反而狠狠打一頓，罵道：「狗雜種，你求我幹什麼？幹麼不求你那個嬌滴滴的小賤人去？」這時的梅芳姑基本是一個精神病患者了。

想想十九歲的梅芳芳，看看如今的梅芳姑，痛恨之餘又不免心生可憐。二十年她都不能對那段單相思的感情釋懷，都不能想明白什麼是愛情。時隔二十年，石清重複的那一段話成了對她的生死告白，她轉身自盡，一切歸零。梅芳姑的

死是生命的悲劇，但我倒覺得，那一刻，她願意結束生命，
她大概是醒了。

那一年，芳芳十九歲

緬懷兩位武學研討會的先驅

　　金庸的武俠世界裡有許多定期、不定期召開的武學（術）大會，除了最知名的華山論劍，還有全國武林盟主推選暨共同抵禦契丹聯盟成立大會、大勝關英雄大宴、屠獅英雄會、丐幫杏子林大會、聚賢莊英雄會、五嶽劍派並派大會、河間府殺龜大會等，有的是幾年一屆，有的是臨時召開，有的純為比武切磋，有的則是要討論武林大事，無不牽動著全國武術家的心。[37] 然而，任何一場（屆）盛會都沒有俠客島武學研討搞得那樣規模龐大、驚心動魄。甚至，與其他各類武林盛會不同的是，俠客島武學研討會已經具備現代學術研討會雛形。

　　俠客島武學研討會的主辦方是俠客島武學研究院[38]，具體執行人是龍島主和木島主兩人。研討會十年一屆，名門大派的掌門人、各教教主、各幫幫主、以及獲得過「全國知名武術家」以上稱號的才有資格應邀參加。龍木二島主是名副其實的土豪，研討會期間所有交通和食宿費用均免，會議結束後如想繼續與同道切磋武功、遊覽寶島風光，甚至定居，

---

[37] 參見新垣平：《武術世界重大集會及比賽列表》，收入氏著《劍橋簡明金庸武俠史》。

[38] 有一種觀點在江湖上流傳甚廣，即認為俠客島類似於為逃稅方便而把註冊地點設於海外小島上的外商，龍木二島主分別擔任董事會主席和總裁的職務，負責該區業務的是兩名外籍人士分別取漢名張三、李四。筆者對此持否定意見，理由是俠客島並無盈利項目。

食宿等生活費用仍由會議主辦方承擔。俠客島武學研討會的開幕式別具一格，是與會人員共食臘八粥，所以江湖上一般提起參加俠客島武學研討會，通常都是說去喝臘八粥。臘八粥大宴之後，進入大會主題發言以及分組討論階段。討論共分二十四個小組，不限時，盡興為止。研討會的內容豐富多彩，極其吸引人，以致三十年間二三百名去參加研討的武學菁英竟然沒有一個在會議結束後返回，都自願留在了島上繼續交流切磋。

然而，只有一件事讓俠客島武學研討會籠罩了一層撲朔迷離的神祕面紗。不知道是太忙還是疏忽了，旅居俠客島的武術家都忘了給家裡報個平安，俠客島又路途偏遠沒人知曉其具體位置，加之龍木二島主為人低調，做好事不願對外張揚，拒絕外界探問，這使得江湖上的人都不知道為什麼所有與會代表都有去無返，甚至以為他們因遭遇不測而失聯，各大門派調集人力物力進行過多次大規模搜救都沒有結果。

石破天、白自在、丁氏兄弟等人赴俠客島參加的研討會已經是第四屆。這一回，他們終於把神祕的臘八粥大會搞清楚了。原來，四十年前，龍、木二人武功練成，想聯手江湖，在武林中賞善罰惡，好好做一番事業，然而初出江湖就得到一張地圖，圖中有一島，島上有一份驚天動地的武功祕訣。兩人按圖索驥，來到俠客島找到武功祕訣開始修習，數月之後兩人對圖解中的武功產生不同意見，於是先後赴少

林、武當討教，少林寺妙諦大師、武當派愚茶道長到了島上也是爭論不休，於是兩位島主廣邀身負異能絕技的天下武功名家共同參研圖解。沒想到所有看到那套武功圖解的人都很快痴迷進去，忘記了世間所有俗務，也就再未離島。另一方面，兩人派出武功絕世的弟子在江湖上行俠仗義、替天行道，殺了很多罪大惡極的歹人。因為許多惡人做壞事比較隱祕，眾人不知，因此江湖上都對俠客島產生了一些誤解。

究竟是什麼武功祕訣、圖解，能讓那麼多武學菁英連給家裡打個電話的時間都沒有？原來全部內容只不過是一首詩的原文及其注釋，就是李白的《俠客行》。眾人不能破解這部武功祕密的原因是大家都沉浸於對原詩文本上的武學解析，比如第一句「趙客縵胡纓，吳鉤霜雪明」中的「吳鉤」：有人以「吳鉤者，彎刀也」為依據提出「以刀法運劍」的觀點；有人以鮑照樂府「錦帶佩吳鉤」和李賀「男兒何不帶吳鉤」為參照認為重點在「帶」，是「隱含吳鉤之勢，圓轉如意，卻不是真的彎曲」。諸如此類。最終解開謎底的是石破天，因為他不識字，對那些繁複的解說毫不在意，而這套武功的祕密就藏在石壁上原詩二十四句話一百二十四個字的書法點畫中，與詩句的含義、解釋無關。不知道石破天是否在心裡說：呵呵，你們想多了！

俠客島神功之所以能讓人流連忘返，就是因為它內容和形式都非常獨特，可以調動人們無限想像力，想要讀懂貌似

極難,而真正答案其實又非常簡單,令人唏噓不已。龍、木二島主得到祕訣圖譜沒有據為己有,而是集結天下武林人士就此展開充分交流,開創武俠教育學術研討的先河。在石破天破譯俠客行武功祕密之後,兩人為了避免發生江湖劫難,囑咐石破天好自為之然後炸毀石洞慷慨赴死。儘管其過程中一些細節尚有可待商榷之處,但兩人無私的精神和俠義的事蹟令人敬佩,值得紀念。

「好孩子」袁承志

　　在《碧血劍》中，袁承志是薊遼督師袁崇煥的兒子。袁崇煥是明末抗清名將，金庸在《碧血劍》書後附史傳作品《袁崇煥評傳》，對袁崇煥給予高度評價，認為他是「真正的英雄，大才豪氣，籠蓋當世」。身為這樣一位大英雄的兒子，也是《碧血劍》的大主角，袁承志卻沒有給人留下深刻印象，而且人生比較失意。他雖然武功高強，行俠仗義，出生入死，並承其父志，以國家興覆為己任，一心要做一番大事業，但是「他沒有抗拒艱難時世的勇氣」，受了挫折後選擇逃避海外。最終離去的袁承志並非功成名就瀟灑歸隱，而是「心中悲痛，意興蕭索」。

　　袁承志七歲時，父親遇害，就是歷史上著名的皇太極巧設反間計事件。袁崇煥死後，袁承志被父親的舊部救出。朱安國、應松等袁公舊部教他識字練武，並囑其長大後為父報仇。也就是說，從七歲起袁承志就身負國恥家仇，他識字練武的目的非常明確，他的人生規畫也在既定方案之內。他從一開始就卯足了勁頭，只待時機成熟大展宏圖。「承志」，很顯然是要「繼承父親的遺志」。袁崇煥是進士出身的文將，「齊家治國平天下」的儒家正統文化對袁承志產生了很大影響。他聰明機智，溫文儒雅，為人處世圓熟周到。袁承志在學本領上「聰明得很，一教就會」。他先後跟從李自成部下

崔秋山、華山派的掌門「神劍仙猿」穆人清、鐵劍門的「千變萬劫」木桑道長學習了多門高級武功；同時又和許多主角一樣有奇遇經歷，從「金蛇郎君」夏雪宜的金蛇祕笈中獲得武林絕學金蛇劍法。這麼好的先天素養和後天教育、機遇之下，袁承志最終竟然還是壯志未酬失意離去，看起來有點奇怪。

究其原因，有主觀和客觀兩個方面。客觀上，是他的抱負不符合當時歷史潮流。歷史發展問題，在此不贅述，而更值得我們關注的是主觀方面的原因，就是袁承志的教育問題。我們來看一看他的成長環境帶給他的教育情況。

首先，環境教育給了他強制性目標。一個七歲的孩子，告訴他將來必須要上清華北大、要當青年領袖、要拯救世界，這並不科學。袁承志如果說長大後「我要當木匠」可不可以？在他的成長環境裡顯然不可以。很多喜歡《碧血劍》的讀者樂於看到英雄後繼有人，作者虛構袁承志這個人物滿足了樸素善良的大眾審美心理。作者甚至表示這個故事的真正主角是袁承志的生身父親袁崇煥，以及袁承志的精神之父夏雪宜，這可就犧牲了無辜少年袁承志的人生啊！

其次，環境教育給了他超負荷的壓力。一天到晚地學，而且成績也的確優異，還懂事、成熟、人品好，學成下山後無人不誇，這是典型的「好孩子」、「別人家的孩子」、「孩子中的榜樣」。如果袁承志生活在今天，他同學的父母中一定

會有很多人對自己的孩子說：「你看人家袁承志，每次都考一百分！」、「你能不能有點出息，跟人家袁承志學學！」和前輩慕容復一樣，袁承志所受的教育就是——不能輸在起跑線上。這樣的教育不僅殘忍地侵犯了孩子的童年，而且很可能毀掉孩子的一生，這就是袁承志結局落寞的根本原因。袁承志所表現出的沉穩、內斂其實是極度壓抑下的麻木反應。如果有可能，讓袁承志自己去選擇人生，他可能成為一位優秀的木匠、商人、讀書人……也許只是很普通很普通的一個人，但是他會有自己的幸福。

　　第三，環境教育給了他錯位的人生觀和價值觀。如上所說，某種莫名的力量驅使袁承志所做的事情，並非出於他內心深處的真我，他也不知道他所要做的事情根本就是不可能完成的，所以他是痛苦的。袁承志不僅被作者「利用」了，更被他的生存環境利用了。這個生存環境裡有袁公舊部，有無數善良的人們，有齊家治國的意識形態教育。在那樣的歷史現實下，在那樣的價值體系下，他失敗了。但是如果他明白那本來就不是自己想要的，又哪來的「心中悲痛，意興蕭索」呢？所以自始至終袁承志都是在被動地接受。他被安排拜師學武，被推舉為武林盟主，被歷史的潮流裹挾著跟蹌奔突。甚至在那個血氣方剛的年齡，連愛情都似乎是被動地進行，這難道不可悲嗎？

　　袁承志的悲劇，不是失意之後流落海外，而是他從沒有

為自己活過。為誰而活他也不知道，那個造就他悲劇的環境放在今天可能就是家長、學校和社會。「『好孩子』像一個框框，過早地將兒童的人生格局限定在剩下的時間裡，兒童只需在這個既定的框框內毫無創造性地走完自己的一生，就可以了」，這「其實是對兒童個性的榨取和自由的剝奪」。承志無法重新活過，我們卻不該造就更多的趙承志、李承志。小說結尾說「他在海外開闢了一個新天地」，不知道這個「新天地」是不是袁承志真心想要的，願他在渤泥國開心、快樂。

青青的青澀人生

《碧血劍》裡的青青是一個與阿紫有著許多相似之處的女子。

她也蠻橫粗暴。阿紫的刁蠻任性表現為惡作劇、報復狂、肆意妄為；青青的刁蠻任性表現為無論何時何地只要不高興便立即發作，不計後果。

她也聰明機靈。十幾歲的阿紫能在險惡叢生的星宿派和江湖世界覓得生存之道；少女青青也絕對是袁承志創業路上的好幫手，幾次幫他化險為夷。

她也用情極深。阿紫為蕭峰痴狂，墜崖而死；青青能把父親的寶藏送給起義軍，也恨不得把所有接近袁承志的女子殺之而後快，她們的愛都令人驚心動魄。

她也美貌非凡。她的「絕色美貌」與阿紫的「相貌極美」相比，也毫不遜色，甚至更勝一籌，書中說「袁承志見她改穿女裝，秀美鳳目，玉頰櫻唇，竟是一個絕色的美貌佳人」。

除了美貌是天生的，兩個人其他相似的性格特徵都有著相似的形成原因。

首先，兩個人的成長環境都比較陰暗。阿紫生活在星宿派的「黑社會」組織，青青儘管生活在自己家，但卻是個強盜世家，溫氏五老是土豪惡霸組成的「犯罪團夥」，強姦搶

劫殺人放火幾乎都做遍了。在這樣的環境裡長大，她們對暴力、血腥司空見慣。俗話說跟什麼人學什麼人，兒童具有很強的模仿欲望和模仿能力。耳濡目染，青青和阿紫一樣在暴力環境下形成了蠻橫粗暴的性格。同時，這種不利的環境也使她們練就了一身過人的生存本領，愈加聰明機靈。

其次，兩個人都缺少父愛。當然，青青有母親溫儀陪伴。然而，父愛對於女兒來說十分重要。人們通常認為女兒常常跟著母親，她的性格形成自然受母親的影響更大，其實並非如此。已經有研究證明：一個好父親在女兒的自尊感、身分感及溫和的個性形成的過程中，扮演著重要角色。青青與阿紫在這些方面都是比較差的，她們自卑、對自己的身分認知模糊，性格缺少溫和的一面。對於女兒來說，從小缺乏父親的引領，缺乏與父親的交流，還可能在成年後產生異性交往障礙。[39] 阿紫對游坦之和蕭峰的畸形情感都與此有密切關聯，而青青對異性缺乏安全感，種種「醋罈子」表現也是由此而來。

第三，兩人都遭受冷落和排擠。阿紫自不必說，青青表面有家，實際上她身為溫儀與夏雪宜的非婚生女兒，與母親飽受溫家冷眼，邪惡的溫家怎能把她當家人？因此她極度敏感和自卑，自控能力較差。也是因為大有寄人籬下之感，所以青青內心深處渴求高大的男人能為其遮風擋雨、引領人

---

[39] 參見康莉：《父女關係對初中女生異性交往的影響》。

生。年幼時，這個角色應該是父親，初長成，這個角色就是戀人。因此，從小沒有父親的青青對袁承志有強烈的依賴感。在阿九面前，她的敏感與自卑表現得尤為明顯。袁承志救回阿九養傷躲敵，青青一氣出走，留下字條寫到：「既有金枝玉葉，何必要我尋常百姓。」阿九是末代公主，自己則來自一個連父親都沒有的強盜之家，這種反差讓本來就自信不足、對兩性感情問題缺乏認知的她無法承受。如是分析，當我們看到溫方施痛下毒手殺害了溫儀，溫儀如得解脫般對女兒說：「青兒，別難受。我……我去……去見你爸爸啦。在你爸爸身邊，沒……沒人再欺侮我。」再想想青青莫名其妙甚至蠻不講理地對安小慧、焦宛兒、阿九等人醋意大發，險些釀成大禍的種種表現，是否還感到她有多麼無聊和可恨？這些表現的背後是一個可憐女孩的淒苦身世和青澀人生。

其實，青青和阿紫相似歸相似，如果認真比較起來，青青並沒有做過什麼殺人放火的惡事，她不如阿紫般狠毒，這和她有著一個溫柔深情的母親有關。母親溫儀是青青最親近的人，必然對她有潛移默化的影響。當年，溫儀愛上了家族的仇敵，她是那個家庭的異類，無名無份的女兒出生後自然與自己是一類的。溫儀對溫氏五老的種種惡行說不上強烈反對，但至少沒有同流合汙。儘管她因為自身的淒慘愛情變得鬱鬱寡歡、相思成疾，不懂得用科學的教育方法培養孩子，但這份母愛無論怎麼說都是女兒人生路上的一盞燈。

青青的青澀人生

相容並包的老校長

在門派觀念較強的武俠社會，很多為人師者對學生學習本門派之外的武功是很敏感的。馬鈺傳授郭靖內家心法、歐陽鋒指點楊過蛤蟆功都曾引起許多風波。然而在金庸武俠世界裡，正如所有主角都不只學過一門一派的武功一樣，優秀的老師對學生的指導也是採取相容並包、博採眾長的通識教育方針，打破門派苑圉。明朝末年華山派掌門人穆人清便是這樣一位開明的老師。

穆人清在他那個時代是當世第一的高手，天下無雙。袁承志七歲開始跟隨父親袁崇煥舊部朱安國、應松和倪浩等人學習拳腳，十歲由華山派武功傳人崔秋山指點武功，接著便由崔秋山引薦遠赴華山正式拜華山派掌門「神劍仙猿」穆人清為師。穆人清脾氣孤僻古怪，喜怒無常，然而見到袁承志後見他小小年紀居然已知行俠仗義，而且是忠良之後，因此非常喜歡。加上這個老前輩一劍獨行江湖，膝下無子無女，臨到老來忽然多了一個聰明可愛的孩童，不由得大反常態，有說有笑。針對袁承志的年齡，穆人清還把繁瑣的門派規條縮減成了「要聽師父的話，不可做壞事，不得隨便殺人傷人」。

穆人清是華山武術學院的校長，也是袁承志的導師。在了解了袁承志的教育簡歷之後，穆人清認為崔秋山此前傳給

袁承志的一套伏虎掌深奧繁複，對於年紀幼小的袁承志來說還不能好好領悟運用，於是從長拳十段錦起始學習。其實這套功夫袁承志也跟倪浩學過，並且運用十分熟練，然而在穆人清使來卻截然不同，這令袁承志感到極為驚奇。穆人清以袁承志捉其衣角為賭，騰挪縱躍，別開生面地開始了他對袁承志為期十年的教學之旅。

在《笑傲江湖》中，祖千秋論瓷時談到五代瓷、北宋瓷、南宋瓷、元瓷，且止於元瓷，同時書中還提到武當和張三丰；《鹿鼎記》中澄觀曾說「前朝有位獨孤求敗大俠，又有位令狐沖大俠」云云，結合這兩點推斷《笑傲江湖》中的華山派應該時屬明朝，當時在掌門岳不群的不當領導下華山派除了令狐沖外幾乎全軍覆沒。那麼到了明朝末年，華山派在穆人清的帶領下又見中興，穆人清顯然是令狐沖的後輩門人。當然《碧血劍》的寫作早於《笑傲江湖》，大概那時金庸先生還未想出獨孤九劍的橋段。然而仔細品來，穆人清的身上也的確帶著令狐沖式的任性和不羈，他不拘於成法俗規，十年間不僅將破玉拳、混元功等華山絕學傳授給了袁承志，而且還讓袁承志跟隨木桑道人學了鐵劍門輕功和暗器功夫，教學方針大有思想自由、相容並包的精神。[40]

木桑道人與穆人清是好朋友，他上華山訪友，穆人清

---

[40] 在繼承和發揚穆人清校長兼容並蓄的辦學思想上，後世較為突出者是民國時期北京大學校長蔡元培。參見高平叔：《蔡元培全集》。

立時想到木桑老師武功有獨到之處，江湖上人稱「千變萬劫」，「如肯傳點什麼給承志，倒可令他得益不淺」，而他知道木桑道人素來不收徒弟，於是打定主意「倒要想法子擠他一擠」。結果穆人清勾出木桑的棋癮，木桑覺得跟老穆下得不過癮，又跟小袁下。小袁年輕氣盛，做起對手才有趣味。可是小袁同學要去練武，不能老是貪玩。急得木桑老師說下一盤棋教你一門功夫還不成啊！小袁看看老穆，老穆欣然應允，然後偷著樂去了。這是一位多麼開明而有趣的老師啊！袁承志兼修兩派上乘武功，華山派的拳劍、內功，加上鐵劍門的輕功、暗器，幾年間成為武林中罕有的高手。

對於袁承志偶然發現的金蛇郎君夏雪宜的鐵盒，穆人清起初覺得此人心機詭奇實非端士，不必貪圖他的重寶祕術，而後來袁承志忍不住打開鐵盒一步步練成其奇絕武功之後，穆人清也沒生氣，只說「你的雜學也太多了一點呀」，然後一笑了之。

俗話說，教會徒弟餓死師父。穆人清並不以為然，他能在令狐沖之後中興華山派，除了個人努力之外，他還嚴格秉承和大力發揚前輩傳下來的優良學術風氣。他曾對袁承志說：「別派武功，師父常留一手看家本領，以致一代不如一代，越傳到後來精妙之招越少。本派卻非如此，選弟子之時極為嚴格，選中之後，卻傾囊相授。單以劍法而論，每一代便都能青出於藍。你聰明勤奮，要學好劍術，不算難事，所

期望於你的，是日後更要發揚光大。」選弟子嚴格，管教弟子也嚴格。徒孫孫仲君驕橫跋扈，倚仗劍法高明削人耳朵、砍人胳膊，穆人清得知後斬其小指並吊銷其持劍執照。穆人清在袁承志進修期間，經常出差。他是在幫助闖王李自成謀事，每次回來都要和袁承志說起民生疾苦勉勵他畢業之後替人民解困。

　　十年時間倏忽而過，真的到了下山的時候，穆校長在畢業典禮上語重心長地囑咐了袁承志同學四件事，精煉地對袁承志今後的人生發展提出了忠告：一是「國家事大，私仇事小」，個人利益要服從整體利益，不能總是想著替老爹報仇那件事；二是老師能給你的都給你了，所謂學無止境，從此你自華山學員變成華山校友，以後就全靠自己了；三是走出華山就要行俠仗義，救死扶傷，為人民的事業奮鬥終身；四是你小子還年輕，珍愛生命，遠離淫欲。這四點忠告，袁承志該當一生受益。

鴛鴦刀的祕密

　　《鴛鴦刀》在金庸的武俠小說中名氣不大，然而故事中卻有一個徒弟瞬間強過師父的罕有情節，是典型的青出於藍而勝於藍。師父是一對夫妻，叫林玉龍、任飛燕，徒弟後來也成了夫妻，就是故事的主角袁冠南和蕭中慧。

　　小說由爭奪鴛鴦刀寫起，鴛鴦刀一長一短，刀中藏著一個大祕密，得之者便能「無敵於天下」。川陝總督劉於義得到雙刀，委託威信鏢局護送寶刀進京以獻給皇上，一路上自然遇到武林人士紛紛劫鏢奪刀，其中一把落到少女蕭中慧手中。總鏢頭周威信武功不濟，幸好師伯卓天雄出手相助。面對江湖高手卓天雄，林玉龍、任飛燕夫婦束手無策，兩人和蕭中慧、袁冠南慌亂中躲進紫竹庵。可是夫妻倆抱著試試看的態度在庵中教了袁冠南和蕭中慧十二招刀法，兩個學生在危急關頭打得追殺而來的卓天雄「手忙腳亂，招架為難」，十二招使完重來一遍，使到第九招，卓天雄肩頭中刀，鮮血迸流，縱身出牆而逃。

　　真是個見證奇蹟的時刻，師父打不過的對手卻被徒弟殺得大敗，而且還是臨陣授課，教學內容極為有限。這是什麼道理？原來，他們的教學內容是一套夫妻刀法，由古代一對恩愛夫妻所創，威力無窮。創立刀法的這對夫妻形影不離，心心相印，雙刀施展之時，互相回護照應。這門刀法共有

七十二招，每招均有一個旖旎的名字，如「女貌郎才珠萬斛」、「天教豔質為眷屬」、「清風引佩下瑤臺」等，但是男女雙方所練的內容全然不同，並且兩人都要練得純熟，共同應敵。若能如此，這套刀法使起來便能陰陽開闔，進退攻守天衣無縫，任敵人武功多強都無可奈何。但若單獨一人使此刀法，卻毫無威力。哪知林玉龍與任飛燕性情都很急躁，不僅新婚不久便大打大吵，一直到有了孩子之後還未罷戰，整個小說裡他們從頭到尾都在打。二人雖都學會了自己的刀法，但要相輔相成融為一體可就難了，常常只使得三四招就互相砍砍殺殺鬥將起來，更別說什麼配合回護了，刀法的神奇威力自然施展不出來。

　　卓天雄追來之後，林老師和任老師一出手就又吵起來，互相指責刀法不對，僅出一招便已受制。兩個學生一看反正也是打不過，坐地等死不如這就試一試。但見袁冠南一刀砍出，左肩露出空隙，蕭中慧不待卓天雄進攻，便搶著揮刀為他護住。袁冠南與蕭中慧二人相識之後互生好感，靈犀暗通。兩人連事先拆招練習的時間都沒有，可是都動了捨己為人的念頭，臨敵自然互相回護，正合了夫妻刀法的要旨，加上兩位老師在旁指點，所以很容易戰勝了卓天雄。

　　夫妻刀法固然是一門特殊的武功，然而師徒四人對於這套刀法的學習卻說明合作的重要性。林任二人徒有夫妻之名，無法實現齊心合力。在遇到袁冠南與蕭中慧之前，夫

妻二人一定還在納悶傳他們刀法的高人說是這套武功有多神奇,為何練了這麼多年還不見成效?在刀法上找原因顯然是緣木求魚,招式使得再熟練也是枉然,他們沒有領會刀法的精神內涵。袁蕭二人則一心一意,人刀合一,雙刀合一,刀法的招式與精神也實現了合而為一,因此能臨敵取勝。身為習武之人,他們不應該不知道其實早有前輩高人為他們樹立了雙劍(刀)合璧榜樣,如楊過與小龍女的「玉女心經」、石清與閔柔的「黑白雙劍」,乃至全真七子的「天罡北斗陣」都需要練習者具有高度的合作精神。團結就是力量,團結就是力量……

到了故事最後,人人嚮往的鴛鴦刀的祕密揭開——「仁者無敵」。「無敵於天下」的不是武功而是人心!

鴛鴦刀的祕密

紅花少年，一路錯拳

　　金庸先生有一位大名鼎鼎的「老鄉」，就是他第一部小說的主角，二十出頭就任職紅花會總舵主的陳家洛。陳家洛的人生理想是帶領紅花會「救天下蒼生」，為民族和國家的利益奮鬥終身，隨時準備為紅花會和人民犧牲一切。為了事業，他犧牲了愛情，犧牲了個人的幸福。然而他拚盡全部的努力，最終還是付諸東流，他失敗了。陳家洛的結局是只能在無奈中離開，退隱回疆。

　　在陳家洛之前幾百年，也有一位為了民族和國家的利益犧牲了一切的人物，叫郭靖。同樣是為國為民，同樣是失敗結局，為何前輩郭靖成了「俠之大者」，即便殉國也是慷慨悲壯死得其所，令人在幾百年後也不免心生讚嘆，而陳家洛的奮鬥卻總讓人覺得比較沒意義、比較頹唐？陳家洛的反滿復漢和慕容復的興復大燕本質上沒有太大區別，都是逆歷史潮流而行，所以他的失敗與悲劇有其必然性。拋開歷史局限因素，陳家洛的悲劇還源自他的特殊性格和錯誤的人生規畫。

　　陳家洛母親徐氏與少林俗家弟子于萬亭是青梅竹馬，但在于萬亭出外謀生期間被迫嫁入豪門陳家，生子之後被雍正皇帝以女孩調換，徐氏又生一子，名陳家洛。徐氏為了陳家洛的安危與前途將其託付給于萬亭。于萬亭因觸犯門規被

213

逐出少林，隱居數年後創立紅花會，以「救天下蒼生」為己任，開展反滿復漢的民族大業。于萬亭臨終前留下遺囑，將總舵主之位傳給從回疆學藝歸來的陳家洛。事實上，陳家洛從小就是按照未來接班人培養的。因為他的親哥哥便是乾隆皇帝，所以由他來做反滿復漢帶頭人會有機會策反本是漢人的乾隆。於是，十五歲上天山，當他還是一個孩子的時候，便不自主地接受了于萬亭替他安排的各種特殊教育和訓練。

　　和他的前輩袁承志一樣，在私人訂制的成長經歷和教育環境中，陳家洛不懂得為自己做出選擇，只是被命運安排著往前走。最能展現他這種機械與被動的就是他的兩段愛情悲劇。因為一點點誤會他便結束了與霍青桐美好的感情，轉而接受香香公主的愛。那個誤會就是女扮男裝的李沅芷與霍青桐有親切舉動，陳家洛不求任何解釋便直接了斷這段感情。他這麼做一是怯於表達，不願向霍青桐袒露真實情感；二是心胸狹隘，未來接班人的成長經歷從小就滋長了他的自我中心主義；三是顧忌太多，自恃總舵主的身分，時時處處以模範標準來要求自己，怎能囿於兒女私情？第二段感情的女主角香香，則被他徹底做為政治交換的工具，成了他所謂民族大業的犧牲品。在他看來，「驅滿興漢乃頭等大事，我豈能為一小小女子而作千古罪人」？

　　退一萬步講，如果具備足夠的政治才能，又熱衷於建功立業，為此而付出犧牲也算值得了。事實恰恰相反，陳家洛

214

並不懂得逐鹿天下之「術」，甚至連基本政治伎倆都毫不諳熟，以致被乾隆欺騙，險些葬送整個紅花會。江湖俠義與廟堂政治本身就存在矛盾與對立。正如陳家洛向乾隆保證不會借說服香香帶她逃走時所說，「我們江湖中人，信義兩字看得比性命還重」，這話在權利場恐怕就是天大的笑話。

少年陳家洛其實是一個考試能答一百分但沒有獨立人格的學習機器，他所做的都是機械運動。母親和養父為了他能接下家族產業，成為青年領袖，從小就給他灌輸世俗成功學的理論，送他到貴族學校進行魔鬼訓練，他也不知道自己真正喜歡的是什麼，反正家裡這麼安排了就這樣吧。當然，他也沒有快樂可言，更談不上幸福。但不快樂、不幸福不是因為他失敗了，而是他不知道自己想要什麼。當陳家洛正義凜然地對他的皇帝兄弟講出那些民族興亡與家國情懷的大道理時，他其實還並不懂得什麼是生命的意義與價值。學習成績好，並不代表一定會擁有幸福的人生。

陳家洛幾乎是為了一個不可能實現的也完全不屬於他的理想，莫名其妙地在一個他並不擅長和熟悉的領域付出了一切，奮鬥了半生。陳家洛的拿手武功是「百花錯拳」，所謂「百花」迷惑了對手也蒙蔽了自己。紅花少年，出拳即錯；百花錯拳，一錯百錯。

紅花少年，一路錯拳

美少年毀容前後

　　余魚同英俊瀟灑，少年成名，人稱「金笛秀才」。他是紅花會十四當家，雖說排在末位，卻與男主角陳家洛遙相呼應，在《書劍恩仇錄》中是個十分重要的人物，小說諸多情節都由他連綴。但是，第二回出場的余魚同，第三回就犯錯誤了，他愛上了他的嫂子駱冰。心裡想一想也就罷了，他還有了衝動的動作。嫂子駱冰毫無懸念地重重打了他一巴掌，並給予棒喝，令其背誦紅花會規章。在嫂子的教導下，余魚同連連以頭撞樹，狂呼大叫。

　　余魚同出場時說是少年書生，後來陳家洛稱其為十四弟，而陳家洛是二十剛出頭，那麼余魚同頂多也是二十出頭。他對駱冰說：「你一點也不知道，這五六年來，我為你受了多少苦……」那麼也就是說，大概十五六歲的時候，余魚同第一次見到駱冰就開始愛慕她了。直到後來余魚同接受李沅芷的感情，這段不倫的單相思持續了六七年之久。儘管《書劍恩仇錄》是金庸先生的第一部開筆之作，但這個情節設計卻是十分的大膽。因為在傳統俠義社會裡，所謂「淫戒」絕對是高壓線，俠客是絕不能觸碰的，更何況是對結拜大哥的老婆動心思，還動了手腳？在紅花會，四大戒條規定「淫人妻女者殺」。余魚同身為小說主角紅花會群雄之一，竟然開篇就背負了如此大的道德汙點，作者真是別出心裁。

然而，放在現實社會想一想，十五六歲的男孩小余，見
到美貌、成熟、溫柔的駱冰之後便被其吸引，這實屬青春期
的正常反應，真沒什麼大驚小怪的。他是吻了一下嫂子，但
我覺得當時的余魚同對駱冰的愛慕更多是情感上的傾心，本
質上與見色起意的性侵犯並不一樣。也就是說其中的愛要遠
遠大於性，一方面這符合青春期男孩的性心理，另一方面則
與余魚同的少年經歷有關。書中對余魚同前二十年來的人生
經歷有一段簡短介紹：

> 余魚同乃江南望族子弟，中過秀才。他父親因和一家豪
> 門爭一塊墳地，官司打得傾家蕩產，又被豪門藉故陷害，病
> 死獄中。余魚同傷痛出走，得遇機緣，拜馬真為師，棄文習
> 武，回來刺死了土豪，從此亡命江湖，後來入了紅花會。他
> 為人機警靈巧，多識各地鄉談，在會中職使聯絡四方、刺探
> 資訊。

這段話字數不多，但資訊量很大，我們從中可以總結出
如下要點：一是余魚同童年時期生活優越，身處上流社會；
二是他自幼聰明機智，不到十五六歲就考中了秀才；三是少
年時期家道中落，逼上梁山，加入紅花會；四是在紅花會中
身分重要，左右逢源；五是母親缺席。

一個名門望族的聰明英俊小秀才，如果不是生活突遭惡
變、無路可走，顯然是不會落草為寇成為朝廷的反賊的。他
的既定人生藍圖必當是繼續參加國考，成為大有前途的高級

公務員。學了武功手刃仇人之後，似乎是不得不加入紅花會了，因為他是命案在身的要犯。儘管他憑藉自己的智慧和才華，在紅花會中扮演重要角色，但他其實與那些江湖人士並不是一類人。因此，他傾慕駱冰並付諸行動，除了異性之間的吸引，還有他的自負。他覺得自己才貌出眾、文武雙全，只有他這樣的男子才配得上女神駱冰。他的自負從出場時的自我介紹和「千古第一喪心病狂有情無義人」的自況都可見一斑。

少年余魚同之所以對有夫之婦的駱冰痴情數年，似乎還與他母親缺席有關。書中未詳提其母，說是父親死在獄中，他就殺了仇人亡命江湖，那時應是沒有母親了，否則他不會丟下母親不管。少時缺失母愛，加深了余魚同對嫂子的依戀，這很可能是一種特殊形式的戀母情結。[41] 駱冰也的確如嫂娘一般愛護、照顧這個小弟弟，甚至對於那次非禮事件，駱冰也只是當時生氣，臨了還說回頭嫂子給你找個才貌雙全的好姑娘，事後一如既往關心他。

帶著贖罪心理，余魚同數次衝鋒陷陣不顧性命去營救四哥文泰來。他對駱冰說：「四嫂，我就是性命不要，也要將四哥救出來還給你。」後來，在千鈞一髮的危急關頭，他以血肉之軀撲向點燃的火藥，救了文泰來，更救了紅花會。不

---

[41] 筆者以為余魚同對駱冰的感情與曹禺《雷雨》中周萍對繁漪的感情有許多相似之處。參見張小萍、姜源傳：《母愛缺失與戀母情結——周萍心理解讀》。

久，在大火中毀了容貌的余魚同在寶相寺出家為僧。至此，余魚同都還沒有想清楚自己對駱冰的感情問題，既對其痴情難忘，又覺得極不道德，始終處於這種極度分裂的痛苦之中。出家不是看破，實是逃避。正如佛洛伊德所說：「我欲為某事以求快樂，但因良心不許而不為。或者我所受的誘惑力量太大乃至違背良心而為之，可是時過境遷之後，我乃大受良心的譴責而後悔。」[42] 按照佛洛伊德的人格結構理論，早期的心理結構由「本我」、「自我」、「超我」三部分構成，代表動物本能的「本我」和代表社會道德規範的「超我」之間存在著矛盾，「自我」在其中發揮調節作用，三者關係失調，人就會出問題。余魚同的「自我」就是在這樣的關係中左右奔突，苦苦尋找著「本我」與「超我」之間的那個平衡點。

直到聽說師父被害，余魚同才脫下袈裟，人生中第二次啟動復仇程序。這一次，「千山萬水，苦隨君行」的李沅芷終於打動了他，兩人喜結連理，余魚同也終於走出了那一段苦戀帶來的人生陰霾。無塵道長在余魚同毀容之後曾對他指點迷津說：「男子漢大丈夫行俠江湖，講究的是義氣血性。容貌好惡，只沒出息的人才去看重。我沒左臂，章十弟的背有病，常家兄弟一副怪相，江湖上有誰笑話咱們？十四弟也未免太想不開了。」失去了俊美外貌，穿越迷亂的表象，余魚同才理性真實地面對自己的內心，知道了什麼才是自己應該要的。

---

[42] 佛洛伊德：《精神分析引論新編》。

從陸菲青到阿凡提

　　李沅芷十九歲的時候，她的父親甘肅安西總兵李可秀升任浙江水陸提督，舉家遷往江南。從大西北到俏江南，幾乎橫貫整個中國，一路上發生了很多不尋常的事情。對於李沅芷來說，最不尋常的就是遇見了她的心動男生余魚同。

　　第一次偶然相逢，煙正濛濛，雨正濛濛。在那個秋雨綿綿的清晨，安通客棧的門外，鸞鈴聲響，少年書生下馬進院。但見他長身玉立，英俊瀟灑，塞外邊荒哪有這樣人物！李沅芷目不轉睛地望著，不想那少年也正看見了她，更令她心臟狂跳的是，少年還送上微微一笑，她慌忙紅著臉轉過了頭。隨後余魚同單槍匹馬戰群捕，更顯英雄氣概。不久兩人正式打照面，余魚同不識李沅芷，李沅芷卻如數家珍般一口氣報出了余魚同名片上的所有資訊，可見不知其在心裡默念了多少回。再重逢時，李沅芷正漫步黃河岸邊，余魚同則為了救文泰來而身負重傷，與隊友失散。李沅芷剛好與他同路去杭州，一路上悉心照料，到杭州見了李可秀夫婦，李家已經把他當做了未來的女婿。幾個月下來，刁蠻頑皮的李沅芷變得多愁善感，因為余魚同始終沒有對她表態。

　　她不知道，曾經滄海的余魚同，心裡早已有了另一個她。李沅芷屢屢救他性命，他卻為了另一個她不惜犧牲自己的性命，甚至跳入火海毀了容貌。倔強的李沅芷怎能輕易放

棄？她偏偏不信這個邪，她有一股不達目的不甘休的狠勁，有強攻的勇氣和智取的頭腦，更有拋開外貌和名利只看內心修養的氣度。這些修養來自十歲到十八歲八年的基礎教育，三年讀書，五年習武，而她的老師是位武當名家，一代儒俠。

李沅芷是世家子弟，她出生於父親李可秀在湘西做參將任內。十一歲的時候，已經調任陝西延綏總兵的父親給她請了個家教。李總兵重視子女教育，儘管是個女孩，也沒有非要她學女紅，而是讓家教陸老師教她讀經史子集。陸老師是飽學宿儒，師生相處融洽，教學相長。大約三年後，十四歲的李沅芷偶然窺見陸老師飛針射蠅，輕輕一揚手便把幾十隻蒼蠅釘在了牆上。年幼無知的李沅芷只以為這是一種新型滅蠅法，還央求老師教給她。然而，對於陸老師來說，這非同小可，因為他露了行藏——他原是江湖反清勢力前屠龍幫骨幹，武當大俠陸菲青。為躲避清廷緝拿，他隱了真名在李府設帳教書。當晚陸菲青就要跑路，不想仇家來尋，受了傷後為報答李沅芷救護之恩正式收其為徒，傳其武功。兩年多以後，父親李可秀調任甘肅安西總兵。又過兩年多，十九歲的李沅芷已經學會柔雲劍術、芙蓉金針以及一系列輕功和拳技。

「你說我官家小姐不好，那我就不做官家小姐。你說你紅花會好，那我也……我也跟著你做……做江湖上的亡命之

徒……」這是李沅芷為了愛可以放棄一切的表白。「情深意真，豈在醜俊？千山萬水，苦隨君行。」這是李沅芷在余魚同歇斯底里大爆發之後的承諾。最後利用擒拿張召重之機用計逼婚，終於使得余魚同浪子回頭。

　　當然，這一次李沅芷是又得了一位名師高人的點撥——阿凡提。沒錯，就是和巴依老爺作對的那個阿凡提。歷史上確有其人，是一位伊斯蘭教學者，並且的確當過教師。儘管他真實的生活年代大約在「神鵰」時代和「倚天」開場時期，但我們都知道大神是會玩穿越的。[43] 頑皮的金庸不僅讓阿凡提穿越到了書劍世界，長了他一身超群的武功，而且還令他為李沅芷指點愛情迷津——傳其馭驢之術。倔驢向來「牽著不走打著倒退」，李沅芷一下醒悟，開始對余魚同不理不睬。距離一拉開，反倒引起了余魚同的種種揣測思忖，去冷靜審視這段感情。隨後李沅芷又故意把余魚同和紅花會群雄正在追拿的張召重騙到迷宮，令紅花會尋之不到。紅花會眾英雄求她帶路，她卻說帶路可以，但得有個人叫她才行，這個人得符合「三從」，「三從」就是從父、從夫、從子。於是，余魚同只好求婚。而此時的余魚同已經洗心革面，完成了對文泰來與駱冰夫婦的救贖，真心對痴情，皆大歡喜。

---

[43] 理論上，歐陽鋒、何足道等南宋末年的西域武術家應聽過阿凡提這位土耳其高人的名頭。參見嚴曉星：《阿凡提》，收入氏著《金庸識小錄》。也有學者認為阿凡提故事的最初萌芽，可能是從更早的阿拉伯民間笑話開始的。參見崔燕：《中外阿凡提故事研究》。

　　從文武全才的陸菲青，到智慧大神阿凡提，李沅芷遇到
這兩位名師高人，何其有幸！相教多年的陸菲青給了她掌控
自己人生的本事，半路邂逅的阿凡提則教了她破解幸福密碼
的方法。

該不該出手都出手

　　當年飛天狐狸胡一刀因與金面佛苗人鳳比武中毒而死，胡夫人自盡殉情。兩位當世一流武術家五天五夜的論劍切磋就此成為絕響。隨著時間的推移，他們的故事蒙上了一層層迷霧。後人對夫婦倆的悲情過往唏噓嘆惋，更欽佩他們的光輝人格。苗人鳳在餘生裡對胡一刀夫婦無盡緬懷，他不僅懷念胡一刀的豪邁俠義，更懷念胡夫人的忠貞不渝。然而，我卻覺得，胡夫人很不負責任，身為母親。

　　胡一刀不幸中毒之後當場身亡，胡夫人在驚詫與悲痛中，拋下了手中的孩子，對苗人鳳說：「我本答應咱家大哥，要親手把孩子養大，但這五日之中，親見苗大俠肝膽照人，義重如山，你既答允照顧孩子，我就偷一下懶，不挨這二十年的苦楚了。」說完自刎。胡苗在比武決鬥之前確有君子協定，胡一刀一夜之間往返六百里殺了商劍鳴替苗人鳳報仇，苗人鳳則答應胡一刀若有不測代為照顧兒子。再往前推，兩人剛碰面那天晚上，胡一刀似乎有一種不祥的預感，半夜想到自己的孩子可能不久就要沒了爹娘，泣不成聲，當時胡夫人曾信誓旦旦地說：「大哥，你不用傷心。倘若你當真命喪金面佛之手，我決定不死，好還將孩子帶大就是。」胡一刀放下心來，哈哈大笑。

　　胡夫人沒有想到，幾天之後這個頂天立地的大英雄，真

225

的就駕鶴西去了。誠然，生死之事不是說起來這麼輕鬆，失夫之痛也不是誰都能理解，胡夫人也許只有追隨他而死才能得到解脫。然而，她的世界並非只有夫妻兩個人，除了這個男人，她還有一個剛出生幾天的兒子。孩子的父親沒了，母親毫無疑問應擔起照顧他的責任，而且你答應過他的。說什麼也都遲了。胡夫人決絕地隨夫而去，留下一個可憐的嬰兒。苗人鳳當然是一位可堪托孤的義士，他與胡一刀雖然有著前代恩仇，但兩人見面後惺惺相惜，互為知己。他寧可用自己孩子的命去換胡家孩子的命，可是當他去尋那孩子的時候，孩子早已不見蹤影。

　　救孩子的人是平安客店灶下燒火的小廝平阿四。平阿四困頓之時曾受胡一刀仗義相助，他銘記在心，報以湧泉。平阿四更欽佩胡一刀的大俠氣概，於是見義勇為，捨命出手。為此他臉上留下一道刀疤、斷了一條胳膊。平阿四不僅救了那孩子，而且以殘障之軀含辛茹苦將孩子養大，督促孩子練武。他保存了孩子家傳的拳經刀譜的殘卷，成為其在江湖安身立命的法寶。儘管他不是武林中人，沒有太高文化，也不會一點武功，從前只不過是滄州小鎮上的受人輕賤的癲痢頭阿四，但他用善良正直的品格和樸實的語言、行為影響了這個孩子，使其成為一代大俠，就是「飛雪連天射白鹿，笑書神俠倚碧鴛」中的第一位主角——雪山飛狐，胡斐[44]。

---

[44] 本文所說胡斐是《雪山飛狐》與《飛狐外傳》的綜合形象，其實單獨看兩部書中的胡斐還是有一些分別的，限於篇幅此處忽略不贅述。

十二三歲上，胡斐與平四叔在那次商家堡避雨時，結識紅花會俠士趙半山，平阿四完成使命回滄州養老。胡斐西赴回疆跟隨趙半山繼續深造，數年之後開始正式闖蕩江湖。胡斐一生行俠仗義、豪氣干雲，為了保衛闖王寶藏的事業奮鬥終生，毫無疑問他是令人敬佩的。他的大俠人格不僅是繼承了父親的基因，也有平阿四的苦心教導和趙半山的榜樣力量。

　　然而，胡斐的成長中明顯缺乏母性的關懷與引導，這使他身上也有著重大性格缺憾，比如魯莽，他勇氣有餘，智慧不足。這一點在少年時期就已露出端倪，他十二三歲時在商家堡的一系列行為其實十分危險。年少的他不僅在勢單力薄的情況下主動向對手挑釁，而且輕易暴露了身分，如果不是碰巧趙半山趕到，後果不堪設想，小命恐怕難保。

　　若說在商家堡的行為多少因為年幼無知，然則胡斐成年後的一些做法依然不夠沉穩。對於鐘阿四一家的死他顯然得承擔主要責任。他在北帝廟中為了給鐘阿四討還公道私設公審大會，會開一半就中了調虎離山之計，趕回去時鐘家三口已經慘遭滅門。但他沒有反思自己的錯誤，反而把罪責一杆子支到鳳天南身上，對著北帝神像發誓說：「北帝爺爺，今日要你作個見證，我胡斐若不殺鳳天南父子給鐘家滿門報仇，我回來在你座前自刎。」因此胡斐追殺鳳天南貌似俠義行為，實則多半是自我贖罪。事實上，後來鳳天南既不是胡斐所殺，其子鳳‧鳴也沒了下落，胡斐當然沒去自刎。

227

　　他打退鐘氏三雄保護劉鶴真夫婦給苗人鳳送信，卻中了田歸農的奸計，信中劇毒毒瞎了苗人鳳眼睛。他要救馬春花夫婦，囉哩囉嗦質問馬春花的時候徐錚已經遭了毒手，而他根本沒搞清那一路強人到底是來幹嘛的。他兩次答應了程靈素的約法三章，卻兩次一條也沒做到，情急之下連連違約。程靈素為他而死，他卻要和圓性死在一起──當然，感情的事誰又能說得清呢？我甚至認為，以程靈素對胡斐性格脾氣的了解，她第二次約法三章是知道胡斐還會違約的。因為她已經中了情毒，她愛胡斐，也知道胡斐愛的是袁紫衣，她想用這種方式讓胡斐記她一輩子。

　　似乎說跑題了。整體來說胡斐很忙，他忙於路見不平一聲吼，該不該出手都出手，屬於典型的膽汁氣質類型。研究顯示，「這種氣質類型的人精力旺盛不易疲勞，但易衝動，自制力差，性情急躁，辦事粗心」[45]。其實他有一件大事應該提到重要日程，就是查清雙親是怎麼死的。然而，他似乎把這件事拋在了腦後，反而到處亂打抱不平，經常好心辦錯事，當真令人著急。

[45] 譚欣、孫遠剛：《新編心理學》。

馬春花的致青春

　　說實話，少年時看 91 版《雪山飛狐》，很恨馬春花，覺得她玩婚外情，懷了壞人的孩子，坐視丈夫被殺，終於因果報應，死於非命。成年後重讀原著，儘管表面看起來這還是一個典型的美女人妻拋棄「矮矬窮」丈夫與「高帥富」情人私奔的亡命故事，但我卻發覺馬春花其實很可憐。她，活得撕裂，死得淒涼。

　　各種電視劇版本的《雪山飛狐》多是融合了金庸的《雪山飛狐》和《飛狐外傳》兩部小說的情節，馬春花的故事其實出自《飛狐外傳》。馬春花的人生軌跡跟《連城訣》裡的戚芳非常相似，會一點武功，父親就是師父，沒有母親，此外還有個師兄，而且師兄都有點木訥、有點笨，兩個女孩本來與師兄都是青梅竹馬，但還是轉而愛上了一個虛偽的壞男人，最後死在壞男人那裡。這樣高度的相似性不由得讓人思考，其人生悲劇是不是與成長環境有著密切關聯？

　　馬春花出生在鏢師之家，父親是飛馬鏢局總鏢頭、名聞江湖的百勝神拳馬行空，武功造詣不凡。十八歲那年她隨父親、師兄徐錚保了三十萬兩銀子的鏢途經商家堡，大雨突至，一行人進商家避雨。馬行空責備她不該偷看商氏母子練武，那是武林大忌，她卻故意無所畏懼地大聲說：「誰叫我是百勝神拳馬老鏢頭的女兒呢？」因為大廳中避雨的還有許多

229

陌生人，她這麼一喊不僅暴露了身分，而且容易招致反感。在江湖上走鏢是玩命的生意，最忌諱高調張揚，多一事不如少一事。馬春花那一嗓子引起了廳上幾個武官的挑釁，而且馬行空也正是被商老太視為間接害死丈夫商劍鳴的大仇人。甚至如果沒有徐錚與何思豪的比武等一系列事宜，商寶震也許不會注意到馬春花，也就沒有後來的商寶震仇殺徐錚。

馬春花的行為無疑暴露了她的幼稚無知與心驕氣傲。由此可以推知，父親對這個沒有娘的女兒自幼寵愛和嬌慣；而在她所生活的鏢局裡，父親之外又都是粗人，稍出眾一點的師兄徐錚也是頭腦簡單、行事魯莽；終日所做又是刀槍棍棒的體力活，缺少思考習慣。這也就不難解釋為什麼馬春花那麼不理智，那麼容易上當受騙了，讓福康安輕而易舉就把她搞得服服帖帖。

馬春花生得「豔麗非凡，不論哪個男子見到，都忍不住要多瞧一眼」，可是在她十幾年的生活裡不僅沒有母親的情感關照，甚至身邊連個女人也沒有，這直接導致她對兩性問題認知的匱乏，沒人告訴她如何與異性相處的基本常識，一切幾乎都出於本能。小胡斐在草叢中偷窺她練武，她獨自深情吟唱〈走西口〉，那一段描寫正表現了她感情上的寂寞與孤獨，魯鈍的徐錚自是不解少女風情。這使馬春花在遇見福康安之後，立即被福康安那與她原有生活裡所有人都完全不同的儒雅氣質所吸引。她絕非嫌貧愛富而委身福康安，她甚至也不知道這個男人到底是什麼人，就如夢似幻地度過了

人生中最難忘的一個晚上，哪怕前一天剛剛與師兄定下婚約——準確地說那是父親的意思，無需徵得她的同意。

從黃昏到凌晨，經過一夜的纏綿，馬春花的心已經被那個「男神」帶走。她的青春糊里糊塗地開始，又在迷幻與虛妄中逝去。熊熊燃燒的青春之火，燒掉了她的平常人生。

徐錚親眼見到了自己的未婚妻與富家公子的「好事」，他憤怒過，絕望過，瘋狂過，但最後他忍了，輾轉煎熬之後他裝作沒事一樣跟妻子撫養一對別人的孩子，憑著低劣的武功和笨拙的頭腦賣命幹活，養家糊口。也許出於江湖道義，寧她負我我不能對不起九泉之下的師父；也許他對這個小師妹是真愛，願意為他付出一切乃至生命。我希望是真愛，那樣當他因了自己這個真愛的女子死在商寶震劍下的時候，還依稀會有一絲欣慰與幸福。

如果福康安再不出現，馬春花可能也只當那是一場春夢而已，一場遊戲一場夢。偏偏花花公子不忘一夜之情，探知馬春花竟生下自己的骨血，還是雙胞胎，便要接母子進宮。去還是不去？馬春花猶豫過。我相信如果徐錚不死她不會去，可是徐錚不幸被同樣鍾情於馬春花的商寶震所害。馬春花為夫報仇殺了商寶震，但她一定沒看過宮鬥戲，不知宮闈之內步步驚心。

白駒過隙，春花易枯。她去了，她死了，連同她的夢和青春。

馬春花的致青春

餵故事長大的孩子

　　金庸的武俠世界裡不擅武功的女子並不多，可是逐一數來竟都不是一般戰士。有對《九陰真經》過目不忘堪稱「最強大腦」的阿衡，東邪黃藥師的夫人；有靈動溫柔的 cosplay 頂級玩家阿朱，第一大英雄蕭峰的愛人；還有武學理論研究學科帶頭人王語嫣，段譽的神仙姐姐。下面我要談的是大事臨頭以從容氣度秒殺群雄的苗若蘭，雪山飛狐胡斐的第三位緋聞女友。

　　苗若蘭兩歲的時候，母親就拋棄了她和父親投奔田歸農去了。母親不在，父親又是個武林中人，工作很忙，因此她的成長很可能會出現一些問題。事實也確有這樣情況發生，比如生活自理能力差，出一趟門要帶十來個家丁僕婦，大包小裹花草鳥畜跟搬家似的。然而令人驚奇的是，絲毫不會武功的她不僅勇氣可嘉，心理素養極好，而且情商甚高。玉筆峰上，眾人縱論傳說中的雪山飛狐，都想見見這個奇人是什麼樣子。可當雪山飛狐真的來了，天龍門群豪、鎮關東陶百歲父子、大內侍衛劉雲鶴及鏢頭熊元獻師兄弟這些平日裡要臉要面的所謂英雄，加上不要臉面的寶樹和尚，一干人等都聞風而逃，瞬間蒸發，「平素的豪氣雄風，盡數丟到九霄雲外了」。只有十六歲的苗若蘭想了一想對於管家說：「我跟你一齊出去會他。」不僅會了，而且她的秀外慧中、從容鎮定

與不卑不亢令胡斐折服，兩人相談甚歡。她撫琴一曲〈善哉行〉，胡斐則擊案應和。

這一次短暫的琴詩之會不僅讓彼此留下了深刻印象，而且也成為《雪山飛狐》故事中非常令人難忘的一幕。胡斐有過一個愛他的人和一個他愛的人，愛他的人為他死了，他愛的人出家了。兩個人都是超凡女子，兩段感情同樣刻骨銘心。即便如此，當他遇見苗若蘭還是心臟砰砰亂跳，足見其迷人的魅力。苗若蘭孤膽會飛狐，當然有好奇心的驅使，同時也是因為小時候她便對父親所述往事裡那個小男孩極為同情，盼那孩子一直活在世上而能得以一見。有這份心思很正常，可那麼多武林高手在雪山飛狐的震懾之下都不能自已地逃掉，一個十六歲的小姑娘怎麼就勇於出頭更是應對自如呢？其間展現的苗若蘭的極高情商從何而來？

答案是，苗若蘭有個故事爸爸，她是故事餵大的孩子。講故事其實是一種非常高級的教養方式，「不僅簡單好用，而且在你為孩子付出愛的同時，自己也會感受到滿滿的愛」，而「全部的養育、教育，甚至自信，都奠基在『愛』之上」。下面就說幾個苗人鳳開展睡前親子故事活動的例子。

苗若蘭七歲的時候，一天晚上見父親在磨劍，還說要殺人，小女孩對這種事當然懼怕，就央求父親不要殺人。接下來苗人鳳為了向女兒說明自己為什麼要磨刀殺人而講起了睡前故事，他把王朝更迭間的「胡苗范田」四家恩怨改編成了

適合兒童欣賞的少年英雄歷險記，故事中的人物成了公子、大英雄、腳夫公公、叫花公公和郎中公公。也是在那年的晚些時候，苗人鳳被田歸農等人設計毒瞎了雙眼，鐘氏三雄來犯，苗人鳳一邊迎敵一邊向女兒講起了「灰太狼」與「喜羊羊」的故事，講起了貓和老鼠的故事，講起了雷公菩薩的故事，巧妙地令女兒在睡夢中避開了血腥的打鬥場面和性命之危。那個少年英雄歷險記的故事比較長，料想應該是成系列的，後來一直講到胡一刀夫婦的事蹟。在故事中，苗人鳳反覆向女兒稱讚胡一刀大俠的夫人，稱讚她如何英姿颯爽、溫柔似水，如何體恤夫君、忠貞不渝，說「胡大俠得此佳偶，活一日勝過旁人百年」，這段故事也是反覆地講。另外值得一提的是，苗人鳳沒有對女兒埋怨妻子對他們父女的拋棄，而是自責對妻子不夠溫柔體貼，以致她受人欺騙，這也可以避免苗若蘭因憎恨母親而產生不健康的心理問題。

苗人鳳的確是個講故事的高手，這還表現在他內心活動極其豐富，隨時隨地可以進行場景復原、情節再現。在大雨商家堡那場戲裡，他一句話沒說，只不一刻的工夫便把滄州道上救南蘭、單搶匹馬戰三雄、英雄美女結孽緣、兄弟覬覦妻私奔等幾年來的往事一幕幕在腦海裡過了一遍，然後抱著女兒轉身走了。「給幼兒講故事，是發展幼兒的語言，促進幼兒個性發展最方便、最簡單、最有效的一種手段。」苗人鳳的親子故事不僅讓苗若蘭感受到了充分的陪伴、關懷與

愛，而且在潛移默化中為苗若蘭在其內心深處樹立了胡夫人這樣一個女性榜樣，在一定程度上克服了母親缺席帶來的負面影響。苗若蘭後來曾對胡斐說：「我一定學你媽媽，不學我媽。」

苗若蘭故事聽多了不僅提高了自己的閱讀理解能力，同時也增強了語言表達能力和理性思考能力。在玉筆山莊座談會上，眾人從不同角度講述自己知道的闖王寶刀和雪山飛狐的故事，苗若蘭的版本最是動聽。雖然故事本身涉及到自己的家世，然而座談會期間面對一群凶狠猙獰的強人，十六歲的苗若蘭不僅沒有怯場，還一邊開會一邊想著焚香淨化室內空氣的事。這份沉靜之中有少女的純真，也有多年的修養。另外，餵故事長大的孩子一定酷愛讀書，苗若蘭上玉筆峰時帶的那些物什裡面就有一大箱子書。

村裡娃進城之後

　　狄雲是我最不願寫的一個人。不願寫不是因為不喜歡，而是因為這個人太苦了，苦得讓人不忍提及。狄雲又是一個我必須寫一寫的人。必須寫是這個人太與眾不同了，他的與眾不同在於他是金庸小說諸多主角中最平凡的一個。他徹頭徹尾是一個平凡人，平凡得就像鄰家兄弟。《連城訣》也是金庸小說中較為接近現實社會的一部。[46] 因其主角及其活動環境的普通和真實，我們更應該對其成長和人生給予關注。

　　農家孩子狄雲自幼跟隨師父戚長發在湘西沅陵南郊麻溪鋪鄉務農。戚長發學過武功，就在田間地頭教女兒戚芳和徒弟狄雲練些拳腳劍術。狄雲二十歲左右的時候，與師妹一起跟著師父到大城市江陵給師伯萬震山祝壽。萬萬沒有想到，這一去幾乎就走上了一條不歸路。

　　狄雲進城後的經歷就是不斷上當受騙、遭遇冤屈和苦難的經歷。到了萬家不久他就被萬震山陷害，當做強姦偷盜犯打入死牢。獄中，狄雲得知戚芳嫁給萬震山之子萬圭後萬念俱灰，絕望下自殺。就在他上吊自盡時，獄友丁典救了他。後來狄雲為了保護丁典學會「神照經」，並與他一起越獄。

---

[46]《連城訣》的故事帶有濃重的現實主義風格，一個重要原因是這部小說的創作靈感來自真人真事，是金庸兒時家裡一個叫和生的身心障礙長工的真實經歷。據該書後記，江蘇丹陽人和生被財主誣陷下獄，出獄後父母皆亡，未婚妻成了財主家少爺的繼室，和生刺傷少爺二次入獄，後逢金庸的爺爺查文清任丹陽知縣，他同情和生，辭官時設法將和生救出帶回老家。

丁典臨死前告知狄雲武林人士趨之若鶩的連城訣的祕密。後來又巧得《血刀經》，相識水笙，不久開始了復仇之路。最終所有惡人因貪圖連城訣寶藏命殞古廟，狄雲也無意逗留江湖，返回雪谷，與愛人水笙、師妹的女兒「空心菜」過上了平凡生活。

「空心菜」本來是師妹戚芳對他的昵稱，形容他性格單純耿直，有腦無心。狄雲生長在湘西沅陵南郊麻溪鋪鄉那樣一個至今都較為偏遠閉塞的小村子，師父戚長發儘管綽號「鐵索橫江」卻心懷鬼胎，過著類似隱居的生活。由於師父故意隱藏武功，把「唐詩劍法」教成「躺屍劍法」，狄雲十幾年的習武經歷平常無奇，更像是跑步、體操類的健身運動，這樣的環境下他也不太可能有闖蕩江湖行俠天下的人生理想。故事結局也表明，狄雲對於武功、江湖，沒有太大興趣。一切恩怨仇殺都是造化弄人，都是被逼無奈。如果不是那次進城事件，鄰家兄弟狄雲的人生大概就是在麻溪鋪與師妹戚芳那樣的女孩結婚生子終老鄉里了。

狄雲的出身經歷和令狐沖倒有些相似。都是原本無欲無求，遭人誣陷迫害後幾番坎坷幾度掙扎終於走出厄運與低谷，登上高處，回歸正常生活軌道，而且他們的師父都是陰險狡詐的偽君子。兩人最大的不同是令狐沖不是「空心菜」，他身上有著強烈的自由主義精神與個性人格。因此狄雲還是比令狐沖更為「普通」，進而他的艱難困苦、玉汝於

成的人生經歷更有鏡鑑意義。

從小仰望尊崇的師父戚長發從一開始就欺騙他、利用他；萬氏父子陷害他，奪走他心上人；丁典懷疑他是奸細，折磨他、毒打他；凌退思為了得到丁典的祕密，追殺他；惡僧寶象要吃他；血刀老僧脅迫他；水笙誤會他，踹斷他的腿骨。人世間最悲慘的事情他遭了個遍，但他卻沒有像林平之、游坦之、宋青書那樣誤入歧途。他看到凌退思為了貪心不惜害了女兒性命，他看到萬氏父子恩將仇報殺了戚芳，他看到太多的人性之惡，但他始終像一株白蓮保持著自身的清潔，保持著人性的高貴。究其根本，是他內心對真善美有著堅定的信仰，加上戚芳、丁典、水笙這些人在那個黑暗世界給了他希望和力量。從故事開頭戚芳對卜垣送來的禮物表現出的驚喜看，狄雲與師父、師妹的生活並不富裕，屬於清貧的莊稼人。正因如此，窮鄉僻壤的貧寒子弟狄雲抗擊挫折的能力自然高於嬌生慣養的林平之、游坦之、宋青書等人。

狄雲的沒有心機又有點像虛竹、石破天，可是並不會每一個沒有心機的人都有虛竹、石破天那樣的運氣，於是狄雲的故事進而引發出一個更重要的思考。狄雲進城後吃了很多虧，差點送了命，在很大程度上是因為他的善良、真誠被人利用，他太過單純。那麼問題來了，當一個善良真誠的孩子走入社會，看到與光明、美好相反的另一面時會不會無法接受，甚至單純善良的心靈會不會受到傷害？其實認為善良真

誠就容易受傷害是個偽命題，因為這兩者沒有因果關係，善良真誠是品德問題，與人的情商相關；而如何應對社會和生活陰暗面則是智慧問題，與人的智商相關。狄雲的問題不是過於善良真誠，而是無知無識，智商出了問題。正如「狄雲自練神照功後，耳目比之往日已遠為靈敏，一瞧之下，便見盆中三朵黃薔薇中，有一朵缺了一片花瓣」，他在挫折之中漸漸成熟，在不斷修練中具備了拯救自己和他人的能力。同時，也正是狄雲始終保持了自己真誠善良的本色，才最終贏得了自己的人生。

騎著白馬找王子

《白馬嘯西風》的結尾，在回疆大漠生活了十二年的李文秀踏上了回鄉之旅。白馬帶著她一步步回到中原，回到江南。漢人中有英武少年，有風流才俊，但這個美麗的姑娘就像古高昌國人那樣固執：「那都是很好很好的，可是我偏不喜歡。」文秀姑娘的心裡只有哈薩克男孩蘇普，十二年如是。

這麼長久、純真的愛戀，聽起來蠻動人，但恕我直言，文秀疑似患有偏執型人格障礙。文秀八歲的時候隨父母亡命大漠，父親白馬李三、母親金銀小劍三娘子上官虹雙雙被搶奪古高昌國藏寶圖的群匪殺害，成為孤兒的文秀騎著神駿白馬逃命，所幸被計爺爺救下收養。不久，文秀認識了當地小夥伴蘇普，倆人一起玩耍，一起放羊，一起捉放天鈴鳥，一起度過了一段快樂的童年時光。當地是哈薩克人聚居的地方，由於漢人強盜的屢屢侵犯，哈薩克人對漢人極為仇視。於是當小蘇普把獵殺野狼而獲得的狼皮送給文秀的時候，蘇普的爸爸怒不可遏，文秀不忍心蘇普被父親鞭撻，偷偷將狼皮放在了阿曼的帳篷外，因為她覺得只有最美麗的哈薩克女孩阿曼才配得起這份榮耀。兩人從此「失散」，未再見面。

這就是在文秀八九歲時發生在她與蘇普之間的一切。如果文秀因此在長大後明知蘇普已經和阿曼在一起，卻不相親、不戀愛、不會喜歡任何其他男孩子，這不是病是什麼？

我們小時候都有曾經一起過家家的小夥伴，誰會因為跟某個小夥伴一起過了家家而終生不再愛別人呢？

　　文秀的偏執性格有典型的形成原因。她童年成為孤兒，失去父母之愛，遭到當地哈薩克人的歧視，擔心霍元龍、陳達海等人的追殺，在不被信任、常被拒絕、缺乏安全感的環境之中長大。她不僅親身經歷了父母被殺的事件，飽受刺激，而且經常遭到哈薩克人的侮辱或冤屈。當她撲在父母屍身上哀哀痛哭的時候，穿著大皮靴的粗暴哈薩克人重重踢了她一腳，類似事情不止一次發生。照顧她的計爺爺也是隱姓埋名的漢人，遇有這種情況也只是默默拉她離開。好不容易有了一個小夥伴，讓她慢慢走出失去父母的痛苦，卻因為自己的身分問題不得不結束友誼。在那個異常的生活環境裡，她是「真主降罰的漢人姑娘」。她幼小柔弱，不會武功，沒有一絲反抗的力量，更談不上為父母報仇。

　　這樣的經歷、環境形成了文秀的偏執型人格障礙。她極度的敏感、脆弱，蘇普的父親因他與文秀交往而用鞭子抽他，蘇普並未示弱，可她就立即讓步，十幾年間也從沒想過是否應該堅持一下；同時思想行為又固執死板，帶有妄想性。其實八歲的孩子哪來的愛情？可她偏偏把這份假想的愛情帶進了青春期，在此後的成長歲月裡認定自己的愛情已經逝去。她嫉妒阿曼，十二年後二十歲的文秀又見蘇普和阿曼，她把阿曼的每一個眼神和每一絲的表情變化都看在眼裡。蘇

普為她辯護，她則激動不已，又淒涼又甜蜜；蘇普為她跟陳達海惡鬥，已經學會高超武功的她遲遲不出手，只是「要看看當蘇普危難之際，阿曼如何反應」。等看到阿曼為了救蘇普願意給陳達海當奴隸，她又酸楚不堪，恨不得讓阿曼給自己當奴隸。天啊，這自編自導的劇情是有多麼虐心啊！

　　也許金庸先生透過這個故事想探討的，是那個最聰明、最有學問的哈卜拉姆也解答不出來的問題：如果你深深愛著的人，卻深深愛上了別人，有什麼法子？這或許是整個人類都無法破解的問題，但對於李文秀來說，她個人的致命問題是對自己的痛苦成因從沒有過一點反思。幼時苦難坎坷的經歷是客觀的，無法回避的，而缺乏自我反思卻是主觀的悲劇。她只知道「那都是很好很好的，可是我偏不喜歡」，她不知道，不是擁有白馬就必須嫁給王子。

騎著白馬找王子

老師侄的慢功夫

　　晦明法師有個師侄，法號澄觀。澄觀是一位天性淳樸、極具喜感的人物，他與師叔晦明一老一小，上演了一幕幕令人捧腹的喜劇。當然，老的是天真的師侄，八十來歲的老和尚澄觀；小的是世故的師叔，十四五歲的小滑頭晦明——俗家姓名韋小寶。兩人探討學武練功問題的情節不僅妙趣橫生，而且很耐人尋味。

　　說的是《鹿鼎記》韋小寶奉旨在少林寺代皇帝出家那段。

　　澄觀禪師是般若堂首座。少林寺般若堂專門精研天下各家各派武功，堂中每一位高僧都精通一派至數派功夫。澄觀也不例外，他武功高深，而且博覽典籍，武功學問被寺中群僧推為當世第一。因此，當韋小寶想要制服前來少林寺「尋釁滋事」的阿珂時，立即向澄觀詢問阿珂武功的破解之道。對於阿珂的一招「江河日下」，澄觀指出可有一十三種應付之法，若不願和她爭鬥則有六種避法，如要反擊那麼勾腕、托肘、指彈、反點、拿臂、斜格、倒踢等七種方法，每一種都可將之化解。韋小寶哪裡聽得懂，況且每一招練成都得幾十年工夫。他記得澄觀手指一彈便制服了阿珂，料想這個應該簡單易學，沒想到那是澄觀用了四十二年時間練成的「一

指禪」，顯然他是學不來的。[47]

然而令韋小寶百思不得其解的是，自己不會武功而只能挨打倒也罷了，為什麼迎客僧淨濟、淨清等人轉眼間被兩個小姑娘用「雜拌」功夫打得斷臂脫臼，毫無招架之功？四個迎客僧已經在少林寺學了十幾年功夫，而兩個小姑娘也不過十幾歲、二十來歲，武功還很粗淺。問題究竟出在哪裡了呢？不僅如此，如果我們稍稍擴展一下思路還會發現，金庸武俠世界裡的主角、一流高手有哪一個是正宗的、純粹的少林弟子嗎？似乎沒有。可是千百年間少林派明明在武林中具有至高無上的尊崇地位，江湖上常說「天下武功出少林」、「少林七十二絕技威震天下」云云。許多大俠都練過少林功夫，如蕭峰、張無忌、令狐沖，等等。然而，他們無一屬於真正的少林寺在籍學員，最後揚名立萬也非憑藉少林武功。身為漫長武俠歲月裡的天下第一門派，為什麼從未培養出過絕頂高手呢？

韋小寶對於澄觀所說的練幾十年才能制服阿珂這件事於情於理都無法接受，於是他逼問澄觀可有速成之法，並恐嚇他說一旦武功卓絕的高僧們都圓寂歸天，少林弟子們如果連小姑娘都打不過，那少林寺就會給姑娘們占領，可就成了「少女寺」。澄觀大駭，急忙閉門苦思破解之道。然而少

---

[47] 專家提示：並非所有人都適合練習一指禪功到大乘之境，應根據自身的身體狀況和所處的環境循序漸進，切勿急於求成。參見楊小攀：《一指禪功的由來及其在體育文化中的影響》，載《蘭臺世界》2014 年 7 月下旬刊。

林功夫講究根基扎實，立等速成實乃大忌，澄觀鑽研數月未有所獲。最後還是他的晦明師叔一語點破，韋小寶說我只要對付毫無內功的姑娘自然也無需內功，那麼省去幾十年習練內功的麻煩直接學破招就是了！一語驚醒夢中人，澄觀茅塞頓開。

儘管韋小寶似乎是在投機取巧，但這也不能不說明少林的武功教學過於刻板教條、拘泥成法。澄觀當然是一個極端的例子，他八歲便在少林寺出家，七十餘年潛心武學，從未出過少林寺一步，因此於世事一竅不通，為人有些痴痴呆呆，以至被韋小寶騙出門外之後見到大片青松都嘖嘖稱奇，蔚為壯觀。然而即便是很有修為的晦聰方丈以及少林眾高僧，也曾把韋小寶的瞎扯胡謅當作高深莫測、充滿玄機的話典。如葛爾丹雙爪進攻之下韋小寶嚇呆僵住，晦聰覺得那是「定力當真高強，外逆橫來，不見不理」的極高境界。從世俗的角度看，所謂高僧們多少有那麼一點迂，作者形容澄觀就用了「武呆子」這個詞。這種刻板教條、拘泥成法在一定程度上制約了少林弟子向著天下一流高手前進的腳步。如果晦聰方丈只是不願說破而致韋小寶難堪，那麼幾個迎客僧被兩個小姑娘輕鬆撂倒是無論如何也說不過去的。

造成少林教學出現這樣的問題主要有兩個方面的原因。

一方面是集中授課，忽視個體差異。眾所周知，功夫的傳授在傳統武術世界裡，主要是一對一教學，頂多一個師父

帶幾個徒弟，這有點像現在大學裡導師帶碩士、博士。如郭靖夫婦分別帶大小武和楊過，而像張三丰那樣空前絕後的武學奇人能帶出七個徒弟似乎已經接近上限了，事實上武當七俠中後兩位的武功還是大師兄宋遠橋代傳的。華山派岳不群弟子略多，但是沒什麼成器的。在這個問題上，少林卻是例外。少林身為天下第一門派，影響廣泛，弟子眾多，慕名前來拜師的學員摩肩接踵，少林寺的導師們應接不暇，於是進行了極具開創性的教學改革——一對一傳授轉變為大班授課，這無疑是武俠教育史上的一大進步。大班授課的現代教育模式大幅度提高了整體教學效率，有許多進步之處，但是和傳統的口傳親授的一對一教學相比，最明顯的弊端就是很容易忽視學生的個性。同樣的教學內容、統一的課程安排，難以根據學生自身特點最大限度發掘其內在潛力，使之具有超群的本領。

　　另一方面是規制過嚴，缺少互動交流。少林是一個龐大的門派，內部等級森嚴，方丈住持、四大班首、八大執事等較為複雜，輩分上也非常明確，尊卑極為有序。如此一來，教學上難免受到一些束縛，無法做到博採眾長。如各支系之間交流較少，窺測別人的武功會被認為是不道德行為，不經師父教導私下學功夫更是大忌。「無師而自學本派武功」，「重則處死，輕則挑斷全身經脈，使之成為廢人」，當年轟動天下的覺遠叛逃事件就是例證。當然少林不在籍學員憑著強烈

的個人興趣愛好鑽研幾十年最後修得絕世武功也是有的,比如神祕的藏經閣掃地僧,然而那是極為罕見的個例,且完全是無名老僧的個人行為,與少林寺的教育體制無關。嚴禁自學,缺少交流,就會越學越窄,難以有所突破和創新。

其實話說回來呢,這些分析可能是我們自作多情,因為我們忽略了一個問題,那就是少林寺的教學目標根本就不是去爭天下第一。他們的確保存著汗牛充棟的武學典籍,但人家的宗旨是弘揚少林文化,以盡到非物質文化遺產傳承的職責。至於武術之道,晦聰方丈說得好:「敝寺僧侶勤修參禪,以求正覺,雖也有人閑來習練武功,也只強身健體而已,區區小技,不足掛齒。」俺們搞的是素養教育,你跟我聊什麼天下第一?[48]

---

[48] 少林早期戒約規定:「習此技術者,以強身健體為要旨」,「不可逞憤相較」,「戒恃強爭勝之心」。見於尊我齋主人:《少林拳術祕訣》。

老師侄的慢功夫

韋小寶，終結了一個時代

　　韋小寶，一個十幾歲的孩子，竟然把廟堂與江湖上各種勢力玩弄於鼓掌，每每歪打正著、逢凶化吉，數年之間從市井小潑皮變身大清國一等鹿鼎公。他既不是英雄俠客，也算不上罪大惡極；他有點正義感，卻時常卑鄙下流；他有點淫邪，卻不能說奸詐；他不學無術，卻聰明機靈；他大字不識，卻成為帝王謀士；他貪婪無度，卻最終選擇辭官歸隱。如此看來，用「奇葩」一詞形容韋小寶再合適不過。糟糕的生活環境造就了他性格中卑劣的一面，可是初到北京時才十二三歲的他能夠在各種險惡爭鬥中活下來，還活得蠻有滋味，顯然他也有不得不令人佩服的本領。所有的匪夷所思也並非作者憑空著筆、刻意製造，韋小寶的成長之路自有前後內在的因果邏輯。

　　韋小寶生於揚州麗春院，那是母親韋春芳的工作的地方，因不知父親是誰而隨母姓。從名稱便知，韋春芳的這份工作不是很體面，是舊社會裡伺候人的行業，當然也屬於當年揚州這樣繁華之都的經濟支柱型產業。韋小寶起初到北京也沒想常住，只待能脫身便回揚州。可是那之後身不由己，一直都沒見到母親。離家數年後韋小寶衣錦還鄉，他在母親的住處看到「床上被褥還是從前那套，只是已破舊得多」，推想「媽媽的生意不人好」，又見自己那張小床、一對舊

鞋、一件青布長衫擺放依舊、整潔如初，不禁心生對母親的歉意。這段側面描寫十足表現出一個生活在社會最底層的母親對自己孩子的無限慈愛，讀後令人心酸。無論身分多麼卑微，母親對孩子的愛都是偉大、崇高的。

更為難得的是，儘管身分低賤，但韋春芳卻對這個沒爹的兒子不僅十分疼愛而且並不驕縱，還時常教導其端正人品。韋小寶一犯錯，她便嚴加教導。韋小寶回揚州一開始沒有告訴母親自己的官職、身分，韋春芳見他身上揣了那麼多錢，認定他是偷來的，怒斥他說「辛辛苦苦養大你，想不到你竟會去做賊」，「只要偷了人家一個子兒，二郎神絕不饒你」，「衙門裡公差老爺來一查，捉了你去，還不打得皮開肉綻嗎？乖小寶，咱們不能要人家這許多銀子」，直到親眼看到韋小寶把銀票塞到鄭克塽懷裡，才放心。韋春芳的話說得很明白──我們的工作是很低賤，可卻是光明正大地賺錢，偷錢是缺德違法，斷不可以。人在低處人格不低，以韋春芳的身分說出這一番話著實令人敬佩。此外，韋小寶小小年紀就具備極強的解決問題的能力，更容易掌握生活技能和社會技能，與他的母親韋春芳和善與堅定並行的「正面管教」有密切關係。[49]

誠然，在揚州市井生活中，特別是麗春院那樣的環境下，年幼的韋小寶無疑受到了許多負面影響，比如愛情觀嚴

[49] 參見 [美] 簡·尼爾森（Jane Nelsen）：《正面管教》。

重偏差；但他也因之練就了極強的生活適應能力，所以他無論被命運之神安排到哪裡都能坦然以對。不僅如此，韋小寶儘管沒有讀過書，卻整天聽書。勾欄瓦肆，說書是最常見的行當。對於一個孩子來說，聽故事是再好沒有的事情。特別是說書還有現場互動環節，每每講到精彩之處，聽眾必然鼓掌喝彩，韋小寶自然而然就明白了哪些東西是大眾喜歡的、肯定的、讚頌的；哪些又是大家討厭的、否定的、批判的。就在這一個個故事中，韋小寶深受忠孝節義等傳統文化的薰陶漸染。每到拿不定主意的關鍵時刻，他便回想起《三國演義》、《明英烈》等故事裡經典的橋段，然後效法其中的英雄好漢。比如，「大家好兄弟，講義氣！」這是韋小寶從書裡聽來的，也是自己掛在嘴邊的話。他的許多值得肯定的行為也都是遵循了類似傳統道德規範，對於真正的朋友他基本能說到做到。表面上看他腳踩數條船，清廷、天地會、神龍教、青海喇嘛教、蒙古國、羅剎國，等等，然則實際上他真正忠心的卻只是清廷小皇帝和天地會總舵主陳近南，其他則都是為了活命而逢場作戲。

忠於小皇帝因為這是自己背井離鄉之後認識的第一個小夥伴，這個小夥伴對他非常好，給他吃、給他喝、給他官做，他們一起玩耍、一起哭、一起笑、一起長大；忠於陳近南是因為這位天下第一的大英雄實際上是自己的精神之父，他是韋小寶唯一真正敬畏過的人，他的高大偉岸令韋小寶深

深折服。當他看到陳近南為了家國大事而兩鬢染霜、面容憔悴，不禁心中惻然，立即將所有人都在尋找的八部《四十二章經》羊皮大拼圖交給了師父。陳近南被鄭克塽刺死，他悲痛如洪水潰堤難以抑制，頓時感到「原來自己終究是個沒父親的野孩子」，他流著淚對奄奄一息的師父說：「我一定聽你的話，做好人，不做壞人。」我相信這是他的真心話。最後他不願為了小皇帝而剿滅天地會，也不願幫天地會刺殺小皇帝，於是只有「捨」了自己，釣魚也好，歸隱也罷，總之榮華富貴都不那麼重要了。

　　韋小寶還有一點非常可貴，就是他有自知之明，知道自己沒文化，所以十分謙遜。他除了職位多、老婆多，還有師父多。他見到高人便拜師，海大富是他師父、小皇帝是他師父、陳近南是他師父、九難師太是他師父、老師侄澄觀是他師父、洪教主夫婦是他師父、何惕守是他師父……儘管師父們都忙，徒弟又懶，哪一個師父他都沒能好好跟著學，但他從每一個師父那裡都學來一招半式，常常在關鍵時刻派上用場，比如「神行百變」能逃跑、「含沙射影」能防身、「英雄三招」能反敗為勝，等等。韋小寶不僅有甘當小學生的求知精神，而且善於交朋友，上上下下裡裡外外都是他的朋友，結拜兄弟就有茅十八、索額圖、康親王、桑結喇嘛、噶爾單王子、楊溢之、胡逸之、趙良棟、張勇、王進寶、孫思克一干人等，同生同死的兄弟們沒少借他的光，他也多次被這些

兄弟們救過命。

　　韋小寶是金庸先生在其武俠小說中塑造的最後一位主
角，也是金庸俠世界裡的一個十足另類。這個人物有許多值
得玩味的地方，也是這個人物使得金庸先生的封筆之作《鹿
鼎記》真正跳出了武俠小說的苑圍，成為一部幾乎沒有武俠
的小說，成為一部中國當代文學史上的經典。金庸先生透過
《鹿鼎記》及其主角韋小寶告別了自己的小說創作，也終結了
一個武俠文學時代。「他在武俠小說中所表現出來的『反武
俠』精神使『武俠小說在他之後出現了一瀉千里急轉直下的
頹局』」，「無論在內容還是在形式上金庸都突破了傳統」，
「實現了對武俠小說的現代化轉換」。[50]江湖日遠，豪情無
多。當韋小寶帶著伶牙俐齒和神武大炮南下北上的時候，什
麼武功都成了笑話。不論是前輩高人歸辛樹，還是當世英雄
陳近南，都已經走到了俠客的末路。這個時代，是韋小寶們
的天下。

　　然而，更耐人尋味的是，韋小寶最終卻歸隱了，為了俠
義……

---

[50] 劉衛英、張寧：《金庸小說中的復仇母題與愛情》。

韋小寶，終結了一個時代

後記

時間過得真快。記得四年前的那個夏日午後，我在一間茶室裡跟朋友神侃說，金庸絕對深諳教育之道，朋友以為然也，我們把盞相笑。如今，這本閒論「金庸教育學」的小書即將付梓。不日，讀了這本書的你如果覺得作者思路好奇怪，那就對了。這不是一本學術書，儘管我在頁腳加入了許多嚴肅和假裝嚴肅的注釋；這不是一本家教書，儘管我在書裡聊了許多關於教育、關於成長話題；當然，這也不是一本純粹的閒書，畢竟我還打著「擺事實、講道理」的幌子。所以，若非要給這本書歸類的話，只能說這是一本與金庸武俠小說有關的隨筆集。

然而，為什麼非要歸類呢？接下來，我想說說我怎麼就寫了這樣一本書。

我讀金庸是上了大學後才開始的。上大學前我只知道金庸這個名字，看過一些由金庸作品改編的電視劇的片段。我記得上中學的時候，在家鄉的廣袤大地上，散落著許多的租書店，裡面的書以「武俠」和「言情」居多 [51]，統統包著塑膠皮，可以花錢借閱。班上也有一些同學把借來的書帶到學校看，當然有時會被老師沒收——這樣的讀書行為並不被廣

---

[51] 據說後來「武俠」與「言情」之風頭被漫畫書蓋過，筆者因徒長年歲並未親見。

泛認可，因為那些書被主流話語稱為「壞書」。不巧的是，金庸的武俠小說也在其中。對於我這樣一個成長於傳統的教師家庭的孩子來說，對那樣的壞書當然想都不想去碰，並對讀壞書的同學保持著高度的警惕，以防止自己被「腐朽沒落文化」所侵蝕。

　　許多年後，我上了大學，念的是中文系。新生剛一開學系裡就發了一份閱讀書目，裡面列的是大學四年建議讀的各類書。令我感到極為震驚的是，在那份書單裡出現了金庸的名字，他名下的書是《鹿鼎記》，它的同名港劇在我上大學之前那個暑假裡還循環播放於各大電視台。我必須重新整合我的價值觀——所謂的壞書竟然是在大學中文系用來學習的，難道那不是壞書？這件事給我帶來的衝擊是極其巨大的，在我的讀金生涯中我將之稱為「書單事件」。新鮮刺激的大一上學期飛逝而過，我也經歷了一些那個年齡應該經歷的事情，這導致我在大一下學期裡有很長時間緩不過神來。於是，讀金庸成了我那段時間的最佳選擇。當我把 16 部共 36 冊金庸武俠作品全部讀完之後，從前頭腦裡所建構的關於武俠小說的價值體系徹底坍塌。我確信，這是好書。這段經歷也成為我在本科畢業時把金庸小說作為學士論文研究對象的肇始。及至後來多蒙現為東北師範大學博士研究生導師、中國武俠文學學會副會長王立教授的指導，對於金庸小說乃至整個中國武俠文學有了更深刻的了解和認知。

我的父母都是教師，其實我的大學也是師範院校，於是我所學課程中包括教育學、心理學、教材教法等內容。因為大一就讀了金庸全部作品，這使得我後來學習教育專業知識的時候，很自然地想起那些武俠人物的成長經歷、成才過程。但那時，寫作、出書對於我來說還是一件遙不可及的事情。時光荏苒，歲月蹉跎。又許多年後，我因病臥床，重讀金庸，萌生出把當年的一些想法寫出來的念頭。因為，我發現，再不寫書就老了。於是，幾經忖度，數易其稿，終於有了現在的這本書。

　　寫這樣一本書，還有一個由頭。儘管陳世驤、夏志清、余英時、金克木、程千帆、馮其庸、嚴家炎、章培恒等著名學者早在上個世紀就已明確肯定金庸武俠小說的文學價值和文化意義，但眾所周知的是，武俠小說向來被定性為通俗文學，時至今日還有很多人包括相當多的教育工作者仍舊對金庸小說持否定態度。他們覺得那些打打殺殺的故事是在渲染暴力，對孩子有害無益，與教育水火難容。然而，我以為，金庸的武俠故事展現了諸多教育規律，甚至其作品不失為教育研究的案例庫。同時，金庸對武俠小說這一文學樣式的開拓與突破，恰恰展現在他作品中的「反武俠」精神上，他反對暴力、反對快意恩仇。諸如當年敝系閱讀書單所列《鹿鼎記》，即便置於世界文學殿堂亦是具有獨特魅力之經典，而那部書實際上沒有「武」，也沒有「俠」，毫無疑問它已

經超出傳統武俠小說的通俗文學範疇。事實上，在華文文化區中，金庸武俠作品早已被選入教材中成為青少年的必讀經典。[52] 我們自己為什麼沒有這樣的勇氣和胸襟呢？但願我的這本書能讓讀者看到一個不一樣的金庸，領悟一種不一樣的武俠。

拙荊蕙如女士長期致力於早期教育研究，在本書寫作過程中為我提供了諸多幫助，在此鄭重致謝。

譫小語

---

[52] 近年來，每年的新加坡 —— 劍橋普通教育高級水準證書考試（通稱「A 水準考試」）華文科目都有金庸小說相關試題。如 2013 年關於《雪山飛狐》的兩道閱讀理解題，其一是：《雪山飛狐》第六回，胡斐上玉筆山莊，金庸接下來不寫他與群豪大戰，卻寫他與苗若蘭的樽酒琴歌。有人認為這是敗筆，但也有人認為這正是運筆巧妙所在。試根據全書主題的理解及情節發展，提出你的看法。（20 分）

電子書購買

爽讀 APP

國家圖書館出版品預行編目資料

藏在金庸武俠小說裡的「絕世教育術」！郭靖逆襲成英雄、王語嫣堪稱百科全書、石破天傻人有傻福……從金庸的武俠小說，看教育的正確方法！ / 譖小語 著 . -- 第一版 . -- 臺北市：崧燁文化事業有限公司 , 2023.11
面； 公分
POD 版
ISBN 978-626-357-782-4(平裝)
1.CST: 家庭教育 2.CST: 通俗作品
528.2 112017212

藏在金庸武俠小說裡的「絕世教育術」！郭靖逆襲成英雄、王語嫣堪稱百科全書、石破天傻人有傻福……從金庸的武俠小說，看教育的正確方法！

臉書

作　　　者：譖小語
發 行 人：黃振庭
出 版 者：崧燁文化事業有限公司
發 行 者：崧燁文化事業有限公司
E - m a i l：sonbookservice@gmail.com
粉 絲 頁：https://www.facebook.com/sonbookss/
網　　　址：https://sonbook.net/
地　　　址：台北市中正區重慶南路一段六十一號八樓 815 室
Rm. 815, 8F., No.61, Sec. 1, Chongqing S. Rd., Zhongzheng Dist., Taipei City 100, Taiwan
電　　　話：(02) 2370-3310　　　傳　　　真：(02) 2388-1990
印　　　刷：京峯數位服務有限公司
律師顧問：廣華律師事務所 張珮琦律師

定　　　價：350 元
發行日期：2023 年 11 月第一版
◎本書以 POD 印製